江苏省社科基金后期资助项目（项目编号：16HQ018）

江苏后发企业创新路径研究

凌华　著

吉林大学出版社
长春

图书在版编目（CIP）数据

江苏后发企业创新路径研究 / 凌华著 . —长春：吉林大学出版社，2021.3
ISBN 978-7-5692-8078-4

Ⅰ . ①江… Ⅱ . ①凌… Ⅲ . ①企业创新－研究－江苏 Ⅳ . ① F279.275.3

中国版本图书馆 CIP 数据核字（2021）第 043661 号

书　　名 江苏后发企业创新路径研究
JIANGSU HOUFA QIYE CHUANGXIN LUJING YANJIU
作　　者：凌　华 著
策划编辑：卢　婵
责任编辑：卢　婵
责任校对：单海霞
装帧设计：汤　丽
出版发行：吉林大学出版社
社　　址：长春市人民大街 4059 号
邮政编码：130021
发行电话：0431-89580028/29/21
网　　址：http：//www.jlup.com.cn
电子邮箱：jdcbs@jlu.edu.cn
印　　刷：广东虎彩云印刷有限公司
开　　本：787mm × 1092mm　　1/16
印　　张：11.75
字　　数：150 千字
版　　次：2021 年 3 月　第 1 版
印　　次：2021 年 3 月　第 1 次
书　　号：ISBN 978-7-5692-8078-4
定　　价：102.00 元

前　言

自20世纪50年代以来，由于科学技术对经济和社会影响力的不断扩展，各国之间的竞争更多地表现为经济与科技实力的竞争，技术革命以及国际市场日益激烈的竞争不断凸显出创新的作用，创新已然成为促进经济增长和提高科技竞争力的关键，创新驱动对于优化产业结构、加快经济发展方式转变具有重要意义。党的十八大以来，习近平总书记对创新发展提出了一系列重要思想和论断，将创新发展提高到事关国家和民族前途命运的高度，摆到了国家发展全局的核心位置。2016年7月28日国务院印发的《“十三五”国家科技创新规划》中也明确提出要深刻认识并准确把握经济发展新常态的新要求和国内外科技创新的新趋势，系统谋划创新发展新路径，以科技创新为引领开拓发展新境界，加速迈进创新型国家行列，加快建设世界科技强国。为深入贯彻习近平总书记系列重要讲话精神，全面落实新发展理念，大力实施创新驱动发展战略，加快推进具有全球影响力的产业科技创新中心和创新型省份建设，充分发挥科技创新在供给侧结构性改革和经济转型升级中的关键作用，着力构筑现代产业发展新高地，江苏省政府于2016年8月公布了《关于加快推进产业科技创新中心和创新型省份建设的若干政策措施》，从财政资金直接扶持收益和政策间接支持收益两个渠道对企业进行资金支持，激发企业的科技创新活力。

企业创新路径的选择与定位关系及其在未来竞争中所处的地位，是其经营战略特别是创新战略的核心内容，反映出企业当前的技术实力，也体现出企业对未来市场竞争优势的锁定，对企业发展具有重要的战略意义，也对政府部门制定创新政策有重要参考价值。由于中国始终是发展中国家，我国的大部分企业都是后发的中小企业，这些企业在复杂纷争的世界形势和变化多端的市场行情下普遍面临着资金缺乏、技术落后、人才不足的发展困境，对其生存发展产生了巨大的冲击。作为经济最发达的省份之一，江苏省是众多发展活跃的后发中小企业的一大聚集地，但数量上的蓬勃发展并不能掩盖和解决新经济形势下其经济发展中面临的困境，后发企业创新资源大多匮乏，而动态多变的外部环境又改变了其自身竞争优势的可持续发展，对这些企业而言，其关注的重点就在于寻找合适的创新路径来延续自身的可持续发展甚至赶超领先企业。因此，本书对于我国后发企业如何面对动态环境创造的机遇，如何应对快速变动带来的挑战，如何在内外部因素制约下选择合理的创新路径来获取竞争优势，从而实现企业做大做强，最终赶超领先企业进行了探讨。

具体来看，本书以创新理论的起源与发展为依托，以资源基础论和权变理论为基础，结合动态能力的理论成果，在阐述国外企业创新路径的演变历程基础上，用案例研究的方式对我国不同行业领先企业的创新路径展开分析，试图为后发企业的未来发展提供一定的借鉴。此后，实证研究动态技能影响后发企业的创新路径选择问题，探究哪些因素对后发企业的创新路径选择具有显著影响。并针对这些影响因素，提出后发企业选择具体创新路径进而实现创新追赶的具体对策，试图对江苏省各区域乃至全国其他省份的后发企业创新路径的选择与实现提供一定的参考和借鉴。

目　录

第一章 绪 论

1.1 研究背景

随着 1912 年创新理论的首次提出，创新在经济活动中的重要意义也逐步为人们所认识与接受。尤其是自 20 世纪 50 年代以来，由于科学技术对经济和社会影响力的不断扩展，各国之间的竞争更多地表现为经济与科技实力的竞争，技术革命以及国际市场日益激烈的竞争不断凸显出创新的作用（Hitt，Keats & DeMarie，1998），创新已然成为促进经济增长和提高科技竞争力的关键。而迈克尔·波特于 1990 年在其著作《国家竞争优势》一书中进一步提出经济发展的“四个阶段”，即要素驱动、投资驱动、创新驱动和财富驱动，这也是创新驱动这一概念首次被提出。创新驱动发展依靠知识资本、人力资本和激励创新制度等无形要素，创造了新的增长要素，是一种更高层次、更高水平的增长方式，对于优化产业结构、加快经济发展方式转变具有重要意义。自波特提出创新驱动这一概念以来，以科技创新为主要推动力的创新驱动发展理论就成为经济发展的一种崭新模式，这一理论正在为世界各国的实践所验证，中国也不例外。在我国，创新一直被放在经济发展的重要位置上，特别是在当前经济新常态的背景下，政府更是意识到创新及创新驱动理论对国家经济和企业发展的重要性，习总书记自党的十八大之后，一直对创新及其方式做重要部署，并把创新发展作为国家发展的关键和重点。他指出："创新始终是推动一个国家、一个民族向前发展的重要力量。我国是一个发展中大国，正在大力推进经济发展方式转变和经济结构调整，必须把创新驱动发展战略实施好。实施创新驱动发展战略，就是要推动以科技创新为核心的全面创新，坚持需求导向和产业化方向，坚持企业在创新中的主体地位，发挥市场在资源配置中的决定性作用和社会主义制度优势，增强科技进步对经济增长的贡献度，形成新的增长动力源泉，推动经济持续健康发展。" 自此以后，围绕上述论断，党中央、国务院出台了一系列政策和措施，以有效实施创新驱动发展战略、提升我国的科技自主创新能力，并在全社会大力推动创新发展，掀起了"大众创业、万众创新""中国制造 2025"等创新浪潮。2016 年 7 月 28 日国务院印发的《"十三五"国家科技创新规划》(国发〔2016〕43 号)中也明确提出："'十三五'时期是全面建成小康社会和进入创新型国家行列的决胜阶段，是深入实施创新驱动发展战略、全面深化科技体制改革的关键时期，必须认真贯彻落实党中央、国务院决策部署，面向全球、立足全局，深刻认识并准确把握经济发展新常态的新要求和国内外科技创新的新趋势，系统谋划创新发展新路径，以科技创新为引领开拓发展新境界，加速迈进创新型国家行列，加快建设世界科技强国。"

改革开放 40 多年以来，我国经济社会得以飞速发展，根据国家统计局发布的《2019 年国民经济和社会发展统计公报》，2019 年我国全年国内生产总值已达到 990 865 亿元，逼近 100 万亿元大关，稳居全球第二，人均国内生产总值也首次突破了 1 万美元。2020 年上半年受新冠病毒疫情影响，全球经济增速放缓，包括发达经济体在内的多数国家，其经济不增反降，而我国的经济仍处于增长状态，这说明中国正在经济高质量发展的道路上稳步前行。尽管如此，但仍须看到，我国长期形成的结构性矛盾和粗放型增长方式尚未得到根本改变。尽管近年来我国从宏观层面到微观层面对创新发展的重视程度均日益提高，但制约创新发展的体制机制尚未被完全打破。就我国的自主创新能力来看，虽然经过了多年发展进步明显，但与发达国家相比还存在明显差距，很多产品的核心技术仍然受制于人，2018 年的中兴被禁事件以及这几年纷争不断的华为被禁事件等一再给我们警醒，经济高质量发展的重点就在于深入实施创新驱动发展战略，以提高我国的科技创新能力，将关键技术掌握在自己手中，形成新的经济增长点。在此过程中，应进行相应的科技体制改革，鼓励技术、管理模式及商业模式等方面的创新，促进这些领域的协同发展。另外，应敢于打破原有的体制机制障碍，消除不利于凝聚创新合力的“管理孤岛”“资源孤岛”“技术孤岛”等现象，将创新各环节有机统一起来，完善创新驱动链，让创新成果尽快转化为现实生产力。此外，要调动大众对创新的关注度，从每个个体出发，激发整个社会的创新活力，让创新真正成为经济发展的新引擎。从我国的经济发展现状来看，随着工业化进程的加快，我国经济得以稳步发展，居民收入水平不断提高，目前我国已进入创新型国家建设的重要阶段，“新常态”下我国经济增速从高速转为中高速增长，速度有所放缓，为了给经济增长提供稳定的动力和保障，我国经济势必要从要素驱动、投资驱动转向创新驱动，这就使得我国社会经济发展呈现新的阶段性特征（张赤东，2013）。这种变化迫使企业改变发展方式以适应新的市场需求，影响企业创新的方向和路径，促进创新政策的发展。

1.2 研究问题的提出

对于企业来说，其经营战略尤其是创新战略的重点就在于选择怎样的创新活动，这将会影响到其未来能否在所属产业中形成竞争优势。企业的创新类型以及创新特征不仅能反映其当前的技术状况和科技实力，也可以在一定程度上对其未来在市场上的优势地位有所体现，对企业的未来发展意义重大，甚至可能通过对企业的影响进而改变行业的未来格局。以华为为例，其多年的创新发展让其成为行业的标杆，形成的专利不仅将影响行业的发展，对国家的创新能力也有所推动。由此可见，企业的创新不仅关系其自身发展，也可能影响到整个行业甚至影响国家的发展，对政府部门制定创新政策参考意义较大。从 OECD（经济合作与发展组织）等国际组织以及各国展开的企业科技创新调查来看，通常会将企业科技创新活动的特征及其变化趋势列为关注的重点，并依据这些方面进行新的创新政策的制定或对原有的创新政策予以适当的调整。

自 1992 年至 2005 年间，OECD 开展了一系列的创新调查并推出了三版《科技创新手册》（奥斯陆手册），这些创新调查的内容涵盖了欧盟的 CIS（独立国家联合体）、澳大利亚和加拿大的可比性创新调查，OECD 根据这些调查结果深入分析企业的创新行为，并据此制定相应的创新政策。美国政府部门也开展了类似活动，为了从创新的角度为国家政策的制定提供依据，美国商务部专门展开了企业研发与创新调查。除了上述国际组织和政府部门外，为了进行科研探索，一些学术组织也组织了企业科技创新调查，其调查结果在较大程度上影响了企业所在国的创新政策制定，如英国 SPRU 对 4800 项创新的调查分析、PDMA 关于新产品创新实践的研究、美国小企业管理协会的 8000 种商品化创新调查、Scherer Matrix 对 440 家大公司的创新调查等（张赤东，2013）。进入20世纪80年代以来，我国也越来越重视企业创新活动，并为此开展了多次大规模企业创新尤其是科技创新调查，这些调查涵盖的范围较广，大都涉及企业创新的类型与创新的路径依赖。根据中国科学技术发展战略研究院和中央财经大学经济学院联合发布的《中国企业创新能力评价报告2018》，其基于2017年全国企业创新调查数据对我国企业创新特征加以分析。调查结果显示，从创新产出来看，我国企业总体创新能力稳步增长，其在知识产权运用能力和知识产权保护能力方面均出现大幅提高，而市场影响力的扩大以及对经济社会发展的辐射力增强则提升了企业整体的创新驱动能力。此外，我国企业的创新活跃度较高，约40%的规模以上企业存在创新活动，这些企业的创新活动以组织创新或营销创新为主，紧随其后的就是产品或工艺创新。对于规模以下企业来说，也有近20%的企业有创新活动并实现了创新。而企业创新的形式更多地体现为独立开发，其中，80%的规模以上企业进行独立的产品创新，71.4%的企业独立进行工艺创新。规模以下企业中也有60%以上的企业进行独立研发。但从国际比较的结果来看，尽管与发展中国家相比，我国的企业创新活跃度是位于前列的，但与发达国家相比仍存在差距。自2011年以来，购买国内技术经费支出经费逐年增长，而消化吸收经费支出则呈现递减趋势。而根据国家统计局公布的最新数据，2019年国内发明专利申请授权量达到35.4万项，而在2010年还不到8万项，不到10年该数据增长了4倍多，这些数据从多个侧面反映了我国企业的创新水平有所提升。《中国企业创新能力评价报告2018》的数据结果也显示，企业新产品产值及新产品出口情况并未明显增长，说明有竞争力的产品仍不够多。而从创新投入来看，自2006年以来，受自主创新战略实施的影响，我国企业科技创新活动更加活跃，2016年工业企业创新费用支出高达1.7

万亿元，有 62.6%（约 1.2 万亿元）均用于企业内部研发，足见对研发的重视程度，这也为创新能力的增强奠定了坚实基础。

通常一国经济发展的好坏主要受制于该国的企业创新是否有效，当前中国的经济处在“互联网 +”这样一个新的发展环境中，面临着世界新科技革命带来的机遇和挑战，我们不能继续依靠投资驱动来支撑中国的经济增长，必须调整产业结构、转变经济发展方式，必须将创新作为推动经济和社会发展的核心动力。

尽管越来越多的企业开始认识创新、重视创新、进行创新，但目前我国企业总体创新动力不足，这既有自身的内在因素，更有外部的制度环境因素，为了促进我国企业的创新，构建创新型国家和创新型省份，现有的创新激励政策和监管政策必须进行适度的调整。经验表明，企业的创新活动代表了产业未来发展的方向，其所形成的技术进步是推动国家创新发展、实现跨越的根本动力，而处于不同发展阶段的企业科技创新具有不同的特征和倾向，对处于不同行业的企业进行系统、全面的创新调查，分析其创新特征、路径及发展对策，不仅对国家创新政策的制定至关重要，更是对政策理论研究的一个丰富。另一方面，经济行为的主体实际上主要是那些实施创新战略并且想要抢占世界市场份额的企业。考虑到我国大部分企业都是后发的中小企业，这些企业贡献了 60%的 GDP、50%的税收，完成了 70%以上的发明专利，提供了超过 80%的城镇就业岗位，已成为国民经济和社会发展的重要力量。不仅如此，企业也不得不考虑进一步发展的困境，例如技术不足、缺乏资金、缺乏人才等创新要素，而且外界环境的不断变化也会导致企业的生存环境发生变化，企业的竞争优势会受到外界因素的冲击。实际上，我国企业有必要改进以前 30 多年的传统的创新发展模式，即从国外买入技术转向自主创新从而全面协同创新。这是因为，过去的方式无法让企业获得自己独特的竞争优势，而自主创新可以帮助企业更好地适应外部多变的环境，维持特有的竞争优势，从而可持续发展。基于此，国内外学界都在研究和探索企业创新理论的框架，试图找出一个更完善、不限于稳态外界环境，可以帮助企业领先的理论。尽管一些企业在竞争中领先，它们在动态环境下也可能存在一些自身技术的局限性，加之经济规模达到成熟，不易及时转变整体模式，面对动态的外部市场环境，企业坚守已有的核心发展能力定将造成能力刚性，从而导致竞争优势的逐渐丧失。另一方面，那些后发企业虽然暂时的相对实力不足，但它们在变化的外界环境中可能逐渐进步并创新，实施自己的发展战略，若选择合适的创新方式与路径，可以做到协调其组织内外的技术与非科技创新，从而有能力动态地整合与协调内部和外部，实现创新追赶（罗珉、马柯航，2013）。企业如何进行创新来维持其竞争优势并可持续发展，甚至能进一步地在行业竞争中处于主导地位。虽然我国的中小企业目前已有一些资源，也可能因为外界动态变化的环境失去其已有的优势。所以我国后发展的企业有必要抓住外界变化带来的机会，适应随时变化带来的新的问题，并且企业通过合适的创新方式来维持原有的优势地位，并且后发企业有机会进一步发展，最终能赶超领先企业是本研究要讨论的问题。

1.3　研究思路与章节内容

1.3.1　研究思路

本书从动态技能的角度出发，探讨了后发企业创新路径的选择与实施，有助于推动企业创新路径选择的进一步研究。现有的企业创新模式研究结论主要集中在现有企业的科技创新和创新模式的选择上。这些研究成果为该领域的后续研究提供了重要的依据和坚实的基础（汪涛 等，2013）。然而，企业的发展与竞争能力的提高除受到技术因素的影响，还会受到如制度、管理模式等诸多因素的影响。在不分析科技创新与非科技创新组合如何影响企业在动态环境中的创新选择的前提下，探索动态技能与科技创新之间的关系，将导致研究过程缺乏整体性。本书通过解构动态技能来影响后发企业的创新路径，并试图探索动态技能的形成机制，引入非科技创新要素，以江苏省中小后发企业为研究对象详细地探究后发企业的赶超战略。

目前我国经济运行已经步入高质量发展的阶段，如何做到经济的高质量发展自然离不开在全国企业总数中占比高达99%的中小企业。作为经济最发达的省份之一，江苏省可以说是众多发展活跃的中小企业的一大聚集地。根据江苏省工业和信息化厅的统计数据，截至2018年底，江苏省中小企业总数已达到319万家，其中规模以上中小工业企业4.45万家。然而数量上的蓬勃发展并不能掩盖和解决新经济形势下江苏省中小企业经济发展中面临的困境，如市场需求的持续低迷导致工业品价格和进出口的持续下降；成本的持续上升以致企业赢利空间受到严重挤压；融资难题仍然突出，企业投资意愿不强等，上述问题的存在也使得这些企业在创新路径的选择上缺乏系统规划。

企业的成败仅凭现有出众的运营能力是不全面的，重点在于动态技能的获取。后发企业只有优于领先企业获取动态技能，实现企业在技术和非技术上的全面协同创新，才有可能在动态环境下实现赶超发展。本书以创新理论的起源与发展为依托，以资源基础论和权变理论为理论基础，结合动态技能的最新理论成果，在阐述国外企业创新路径的演变历程基础上，用案例研究的方式对我国不同行业领先企业的创新路径展开分析，试图为后发企业的未来发展提供一定的借鉴。此后，本书建立动态技能和后发企业选择创新路径之间的理论概念模型，确定与后发企业创新路径选择密切相关的研究内容，为后续的实证分析提供切入点。考虑到苏州、无锡、南京等地的后发中小企业无论在数量和质量上都在江苏省名列前茅，为此，本书在这些区域选取了300家企业作为研究对象进行实证研究，通过调查问卷所得数据并利用计量统计方法客观分析动态技能影响后发企业的创新路径选择问题，探究哪些因素对后发企业的创新路径选择具有显著影响。并针对这些影响因素，提出后发企业选择具体创新路径进而实现创新追赶的具体对策，试图对江苏省各区域乃至全国其他省份的后发企业创新路径的选择与实现提供一定的参考和借鉴。

1.3.2 章节内容

根据本论文的研究目的，在研究内容上做出如下安排。

第一章，绪论。本章主要阐述本书的研究背景及研究意义，提出本书的研究问题；确定本书的研究对象、研究思路和章节安排，并说明本书的研究方法。

第二章，相关研究文献综述。本章首先介绍了创新的概念及创新理论的发展历程，以及科技创新理论、制度创新理论、管理创新理论及国家创新系统理论进行研究综述，接下来对动态技能、后发者与技术追赶等方面的研究进行回顾，以了解前人从哪些方面对与创新相关的领域展开研究。

第三章，研究理论基础。本章结合本书需要研究的内容，着重介绍了资源基础论和权变理论，从而为本书的研究奠定理论基础。

第四章，国外企业创新路径的经验介绍。本章主要介绍了美国、日本等国企业在创新路径选择上的发展变化，为江苏企业的创新路径选择提供一定的借鉴。

第五章，我国领先企业创新路径的探索性案例。本章分别从工业、商业和金融行业中各自选择一个具有代表性的企业对其创新路径的选择展开了深入分析，从案例研究的角度总结我国不同行业的领先企业在创新路径选择上有何差别。

第六章，江苏后发企业的创新现状。本章从近年来江苏后发中小企业研发投入、专利申请等方面分析了江苏省企业创新的总体状况，并通过对江苏省企业创新的投入与产出在全国所处的位置以及江苏省不同区域中企业创新的对比分析深入研究了江苏中小企业的创新现状；接下来对江苏后发企业的现行创新路径加以探索和分析。

第七章，江苏后发企业创新路径选择的实证研究。本章以动态技能为切入点，通过对相关影响因素的定性分析提出本书的研究假设，为后续实证研究提供框架思路。并结合现有文献进行调查问卷的设计，对变量进行描述与度量，收集数据并进行描述性统计分析，最后对研究中拟采用的数据分析方法做出解释。

第八章，数据分析与模型检验。基于前文的研究，本章对各变量展开统计分析和假设检验，并结合调查样本的数据进行实证分析和模型拟合，来提高本身的能力，从而帮助后发企业进一步在技术和非技术上有所创新，研究样本企业如何根据自己的情况实施创新方式，来证明本书的主题。基于此，本书提出江苏后发企业在外界环境变化的情况下该如何建立创新路径。

第九章，对策建议。本章对实证研究的结果进行深入探讨，并以此为基础，为江苏后发企业的赶超提出相应的对策建议。

第十章，结论与展望。本章在研究论述的基础上，对本书的研究成果加以总结，同时指出了本研究的不足之处，为今后继续开展研究提出一些可供参考的建议，以切实为江苏乃至全国后发企业创新路径的选择指明可行的道路。

1.4 研究方法与技术路线

1.4.1 技术路线

本研究的技术路线图如图 1.1 所示。

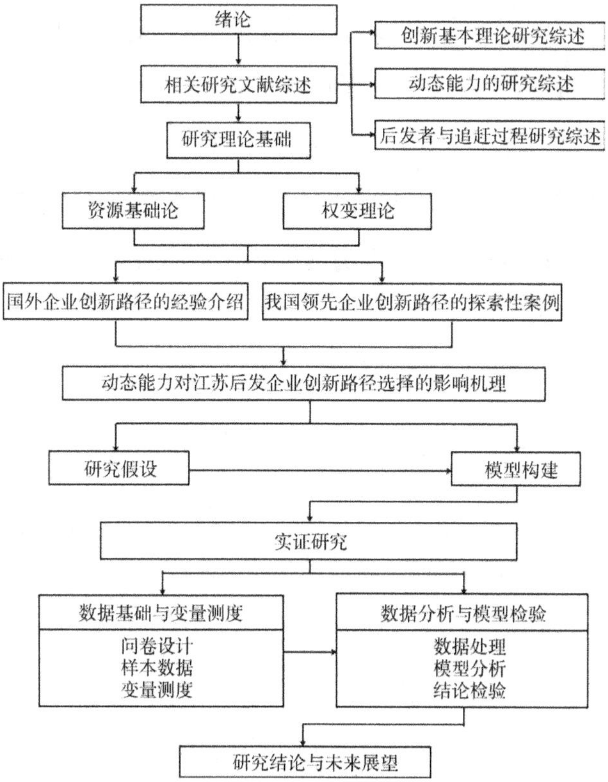

图 1.1 技术路线图

1.4.2 研究方法

本研究按照理论研究通常所遵循的定性与定量相结合的原则，采用了如下研究方法：

第一，案例研究法。本研究通过对国内不同行业的代表性企业创新模式的选择展开探索性案例分析，为后文的研究提供一定的实践支撑。

第二，问卷调查法。一方面，本研究通过网上发放问卷的方式对大样本调查对象展开问卷调查；另一方面，为了更科学地建立本研究的研究模型，本研究采用实地访谈的方式深入企业内部，以便尽可能准确地取得后发企业进行创新发展活动的第一手可靠资料。

第三，规范研究与实证研究相结合。本研究一方面基于对现有文献成果的梳理，探索动态技能对江苏后发企业创新模式选择的影响的理论分析框架并提出研究假设；另一方面通过问卷调查数据，对相关理论假设进行实证验证。

第二章　相关研究文献综述

2.1　创新基本理论研究综述

早在 18 世纪中后期，亚当 · 斯密作为古典经济学的开山鼻祖，就在他的著作《国民财富的性质和原因的研究》中点明了创新的重要性以及创新之所以能够产生的重要原因。而熊彼特作为经济学家于 1912 年提出了具有现代意义的创新理论研究(Joseph A. Schumpeter)进行了系统性的分析，此后，经过不断地丰富和发展，该理论现已成为最为重要的科技、经济与管理相结合的理论之一。目前，世界各国都在运用创新理论与实践以获取国家、产业及企业层面上的竞争优势。创新理论本身，也经历了以科技创新、制度创新、服务创新和文化创新等为主流内容的阶段性发展，并在社会实践中发挥着越来越重要的作用。

2.1.1　创新的概念界定

在创新理论被熊彼特正式提出之前，学者们一直认为“创新”实质上是一项纯技术的活动，主要依赖于发明家的技术发明。如亚当 · 斯密在《国民财富的性质和原因的研究》一书中明确指出："国家通过分工实现富裕，而分工促进经济增长的一个重要原因是它有助于某些机械的发明，这些机械的发明将提高劳动生产率，从而减少生产劳动的投入。"分工会带来这样的变化，自然而然地，每个人都会全神贯注于一件比较容易的事情，因此，只要工作性质有改善的余地，各个劳动部门雇用的一些工人很快就会发现一些更方便的方式完成自己的工作。这也可以看出在18世纪的历史条件下，科技发展的自然延伸导致了科技成果的商品化，科技成果的商品化可以理解为一个纯粹的科技而不是经济化的过程。

今天在各种制造业中使用的，分工最细密的各种机械最初都是普通人发明的。通过上述表述可以看出，尽管亚当·斯密没有直接将创新这一概念明确提出，但他在说明分工对经济增长的贡献时简要地揭示了创新产生的原因及其重要意义。根据他的描述，他非常重视机械发明的重要性，指出其既可以促进经济增长，也能够改进劳动者的能力。这也可以看出在当时的特定背景下，科技商品化被视作科技发展的自然延伸，被理解为一个单纯的技术而非经济化的过程。

随着1912年创新理论的提出，西方学者对"创新"的理解产生了极大的改变。"创新"第一次进入了经济学的研究领域，并且"创新"理论被认为是一个市场商业化的过程。熊彼特在《经济发展理论》中提出了他的观点，他认为经济的发展与创新之间有着内在的、本质的联系，并首次论证了科技创新对经济增长的重要作用，他指出："创新对于经济增长的作用主要在于首先改变了原有的生产函数，在原有的生产关系中建立了一个新的生产函数，新的思想、方法以及新要素被引入经济活动中，并得到了重新组合，在具体的创新实践中，可以分为以下五种情况进行具体研究：一是企业引进新产品或提供产品的质量得到提高；二是新的生产方法被运用到企业生产过程之中；三是企业开拓了新市场；四是原材料或半成品供应有了新的渠道；五是新的企业组织形式得到实行。” 以上五个方面分别对应了产品创新、科技创新、资源分配方法创新、市场创新及组织模式创新。他还首次明确了“发明”和“创新”之间既有联系，但更多的是不同之处，他认为，发明相较于创新，是更加纯粹的技术化过程，创新相较于发明是将其引进到经济领域，对生产要素进行新的组合，在此基础上生产率得到较大幅度的提高，这样的后果就是可以开拓较多的新兴产业，其中技术应用与市场充分融合的商业化过程是重点。熊彼特的创新理论主要包括如下四个方面：第一，创新并不是单纯的技术范畴的概念，更多的是一种经济范畴的概念，其原因就在于创新是指某种“新”事务融合进了经济活动之中，除了科技创新以外，还包括开辟新市场和实行新的企业组织形式等。第二，企业才是创新的主体，企业为了达到这一目标，需要组合各种资源、能力、知识、技能；除了建立供应商体系、生产方面的知识、技能和设施，还需要合适的营销模式、运作良好的分销配送系统、健康的财务资源等。创新的实践者，即负责组合各种必要资源的人或组织，也即熊彼特称谓的企业家。第三，他初步提出了创新的动力机制，即企业家在市场中作为理性主体，会实施一切有利于盈利的行为，创新可以带来收益，因此获取盈利恰是推动企业家开展创新的动力源泉。此外，他指出创新是推动经济持续增长的源泉，创新对社会具有正向效应。

熊彼特虽然提出了创新的概念并列举了创新的一些具体表现形式，但他所提出的创新概念涵盖的范围很广。D. G. Marquis（1969）对创新的概念界定有所收敛，他认为创新是从新思想和新概念开始的，通过运用新思想等来解决生活中遇到的诸多问题，使得同时具备经济价值和社会价值两重属性的新项目得以成功应用的复杂的活动过程。E. Mansfield（1965，

1969，1973）则进一步地细化，他从产品创新的视角对创新予以界定，指出其是一种源自企业对新产品的构思与诉求，终结于新产品的最终形成并成功进行商业应用的探索性活动，与发明密切相关，属于发明的后续阶段。C. Freeman（1973）和 Mansfield 的研究结论相似，他指出创新是从技术到工艺再到商业应用的一系列过程的聚合，最终形成了新产品、新技术或新装备并能够使其步入商业化阶段。此后，通过长期深入的研究，他将创新界定为新产品、新过程、新系统和新服务的首次商业性转化，更加强调首次应用或引进（C. Freeman，1982）。R. Mueser（1985）在对上述关于创新的概念加以总结之后，将创新重新定义为："创新是以其构思新颖性和成功实现为特征的有意义的非连续性事件。"从上述描述可以看出，这一定义主要突出了两点：首先，创新是一种非连续的事件，强调了创新的非常规性特征；其次，创新活动最终能够成功实现，强调了创新活动的结果。傅家骥（1998）在上述研究的基础上从企业的微观视角对创新进行了深入探索，认为创新取决于企业家，由于企业家是理性经济人，其始终以自身利益最大化为目标。为了攫取潜在的盈利机会，实现更多的价值创造，企业家可能对企业原有的生产条件加以改进，并重新分配生产要素，以期在实现经营活动的高效率的同时尽可能地降低生产成本。为此，他指出创新就是企业家考虑创造新产品、更新生产工艺方法、开辟新市场、变更材料或半成品来源或建立企业新组织等活动的过程，这些活动涉及科技、组织、商业和金融等多个领域。由于该定义较为完整地揭示出创新的本质和特征，故而本书主要采用这一定义对创新进行界定。

2.1.2 创新理论的发展历程

早期受到科学技术发展水平的限制，创新对社会并没有产生太大影响，因而并没有引起学术界的足够重视，它只是作为一个新的自变量被用来考察其对经济增长和社会发展的影响。当时，几乎没有关于针对创新本身的研究。20 世纪 50 年代以来，随着创新理论的提出以及创新实践研究的不断深入，学者们逐渐开始从不同的视角探索创新的内涵及其影响，创新理论研究进入新阶段。总体来说，创新理论的发展历程大致可以分为三个阶段。

第一阶段是 20 世纪 50 年代初到 60 年代末，这一阶段可以视为创新理论的起源，该阶段研究的焦点主要是创新的起源、效应、创新主体的组织结构变动、风险决策行为等方面。其中 S. C. Solow（1951）首次提出创新成立的前两个条件，即新思想的来源和后期发展的实现，众多学者认为“两阶段理论”是研究创新概念定义的一个里程碑。

第二阶段是 20 世纪 70 年代初到 80 年代初，这一阶段创新理论研究逐步发展，研究的焦点涵盖了有关新技术推广、企业规模与创新的关系、市场结构与创新的关系、政府干预创新等诸多问题。其中 C. Freeman（1974）《产业创新经济学》一书的出版，标志着创新经济学理论体系的建立。创新是指新产品、新流程、新系统、新服务的首次商业转化，这一概念在书中明确指出。此外，E. Mansfield（1971）就对创新中的技术促进问题、创新与模仿的关系及其变化速度等方面展开了深入探索，创建了技术模仿创新理论。J. M. Utterback（1971）研究了企业内部创新的过程，发现企业外部环境、企业自身的特性和企业内部与外部环境的交互都会影响企业创新。Abernathy 和 Chakravarthy（1974）认为至少存在两个层面上政府干预工业活动、科技创新的行动和市场改造行动，并分析了政府干预的框架和类型。Karmien 和 Schwartz（1975）在分析了市场集中度与 R&D 投入及市场集中度与创新产出的关系后，认为完全竞争的市场条件可能让企业忙于竞争而忽略科技创新，而完全垄断的市场条件则会导致企业缺乏科技创新活力，只有介于这二者之间的市场结构才是最适宜企业创新的环境。N. Rosenberg（1969，1976）认为，创新的方向更多地受到技术可能性的约束，但促进创新的因素，即创新的驱动力却是多元化的。

第三阶段是20世纪80年代中期以后，此时，在基于前期研究的基础上，创新理论研究开始向全面、深入的方向发展。在重视研究成果对社会、经济和技术活动的指导作用的同时，学者们对一些专题进行了更为细致的研究。研究重点主要集中在沟通与创新的关系、创新风险、企业创新阻力机制与环境因素、企业组织结构与创新行为、企业管理层特征对创新的影响等方面。

总的来说，创新理论的发展过程就是人们不断认识创新的过程。从创新概念界定的角度看，Mueser在1985年的创新定义中描述了创新的特殊含义，更为简洁地诠释了创新的本质和特征，为后来的学者定义创新奠定了基础。从创新理论的发展过程看，它经历了由宏观研究至微观探索、从案例分析逐步过渡到实证研究的阶段。尤其是2000年以后，学者们开始将前期分散研究的成果汇聚起来，寻求其内在关联性，形成新的系统理论研究。与此同时，逐步打开创新的黑匣子，深入到创新变量中，进一步从微观层面探讨影响创新的外部和内部驱动因素。

2.1.2.1 科技创新理论研究综述

由于受到同时期的“凯恩斯革命”的理论影响，熊彼特的理论在当时的学术界被埋没了，并未得到学术界的重视。在20世纪50年代后，全球众多国家的经济高速增长态势保持了20年甚至更久。

传统经济理论中的要素，如资本、劳动力等难以充分、完全地解释这种现象，这一时期技术进步与经济增长之间的关系问题引起了很多西方学者的兴趣，他们对此进行了深入而广泛的研究，科技创新理论得益于此，得以飞速发展。其间也产生了很多新的创新理论流派，并出现了两个最有代表性的流派，即科技创新学派和制度创新学派。

对于科技创新学派，早期学者首先对科技创新的概念展开了探讨，J. L. Enos（1962）首次对科技创新的概念做了明确的界定，他指出："多种行为综合后得到了科技创新的产物。这些行为主要包括选择发明、保证资本投资、建立组织、制订计划、招募工人以及开放市场等方面。如果活动中出现任意一项不能完成，都不会形成创新。"此后，在题为"成功的工业创新"的研究报告中，Marquis 和 Myers（1969）将科技创新定义为：科技创新是从新思想和新概念开始的，通过运用新思想等来解决生活中遇到的诸多问题，使得同时具备经济价值和社会价值两重属性的新项目可以成功地付诸实践的复杂的活动过程。20 世纪 70 年代，美国国家科学基金会在其题为"科学指标"的研究报告中重新定义了科技创新，认为其是指将新的或改良的产品、流程或服务引入市场的过程。J. M. Utterback（1974）提出，创新过程可以分为三个阶段：第一阶段可以概括为新思想诞生，第二阶段可以概括为技术难题得到解决或者技术得到了开发，第三阶段可以概括为创新实现了商业价值，并且这中间价值得以扩散。他始终坚信，创新不断发展的最终结果是较多具有商业价值的创新最终达到了成本缩减或价值增值。1981 年，OECD 在工艺创新和产品创新两方面的视角上重新定义了科技创新的最新概念，OECD 认为科技创新主要包含两方面，第一是新的生产工艺或者产出的新产品在技术上有了明显的变化，第二是原来的生产工艺和产出的产品在技术上有了重大变革。不管是实现了产品创新还是工艺创新，都可以被认为完成了创新。C. Freeman（1982）在书中提出了他的观点，科技创新具体可以理解为新产品、新工艺、新系统以及新服务等新事务第一次完成了商业化、市场化的转变。根据 E. Mansfield（1971）的观点，创新是“发明的第一次应用”。E. Mansfield 认为，创新就是与新产品最为紧密联系的技术发生了革命性的变革，并且 E. Mansfield 认为产品创新具有探索性，产品创新的第一步是企业对于产品的生产有了新的构思，最后一步是创新后的产品进入了商业领域，流入了市场，企业完成了销售，新产品得到使用。由于该定义整合了科技创新活动中涉及的经济和技术因素，E. Mansfield 对于它的定义在后来被学者广泛地引用和认同，其原因就在于科技创新的业务不仅要融合技术因素，更要融合经济因素，而 E. Mansfield 的定义充分吸收了这两方面的因素。与 E. Mansfield 观点相左的是，日本学者森谷正规于 20 世纪 80 年代中期提出了他的观点，他提出科技创新与技术发明并不是完全一致的，科技创新是一种通过技术实现的创新。在达到这一结果的过程之中，并不是所有的内容都要进行革命性的变化，比如技术本身，他认为，衡量科技创新能否得以实现的基础通常取决于以下几个方面：通过技术的推广或新市场的开放以刺激经济的发展；或创造新的社会经济实力，从而可以迅速改变社会和生活方式。

从理论本身的角度出发，作为科技创新学派中最具影响力的学者，Mansfield、Karmien 和 Schwartz 等人的重点更多聚焦于向市场推广新技术、研究市场的结构与科技创新之间的相互联系、研究企业规模之间的差异会不会带来科技创新之间的差异等领域，他们的研究最终体现在揭示了全球各个国家经济的高速增长中技术进步和科技创新发挥的影响，科技创新是一个极其烦琐复杂的过程，因为在这一过程中有很多因素相互产生作用，他们揭示了科技创新“黑匣子”的内在运行机制，并在深入分析黑匣子运行机制后，提出了许多科技创新的模式。

其中，E. Mansfield（1971）对新技术的推广、科技创新与模仿的关系以及两者之间的变化速度进行了细致探讨，并提出了技术推广模型，创立了技术模仿创新理论。他的研究弥补了熊彼特先前的创新理论中并未纳入技术推广的不足。为了考察在同一部门内部，技术推广的速度以及影响到技术推广的各种经济因素的作用，Mansfield 采用了四个假设条件，用以考察在同一部门内部技术推广的各种经济因素中技术推广的影响和技术推广的速度。这四个条件分别是：新技术本身不发生变化；市场竞争达到了完全竞争；新技术的采用不受规模大小的影响；对于模仿者来说专利权的影响极低。在四个条件的基础上，他认为有三个影响因素会影响到新技术的推广速度，分别是模仿比例、企业使用新技术的必要投资额、企业使用新技术后的相对盈利率。Mansfield 的研究结果在一定程度上解释了技术模仿与技术推广，然而，Mansfield 的研究中，四个假设条件与实际情况有着天壤之别，导致其难以对现实中的经济发展予以充分解释。M. Karmien 和 N. L. Schwartz（1975）在研究了科技创新的过程后指出，竞争程度、企业规模和垄断能力这三大因素在科技创新过程中具有举足轻重的作用。就科技创新而言，他们认为最有利的市场结构就是处于垄断与完全竞争之间的所谓“适度竞争”的市场结构。此外，他们还从垄断和竞争的角度出发，将科技创新加以分类，划分为垄断前景推动的科技创新和竞争前景推动的科技创新两大类。尽管与熊彼特的研究相比，他们仍侧重于宏观层面的研究，但其在解释科技创新的原因或动力等方面更加深入和具体，也更有说服力。然而，虽然在研究中揭示了科技创新与市场结构关系的本质，但他们并没有对每种市场结构进行详细具体的探讨。且他们并没有进一步分析寡头垄断市场和垄断竞争市场中科技创新是否存在差异，又有何差异，也没有分析哪种市场结构更容易触发科技创新。

此外，其他专家学者也从不同侧面对科技创新展开了研究，如 Nelson 和 Winter（1982）提出了技术进步的“进化理论”，推动了科技创新和制度创新的融合。与 Nelson 等广义、微观的企业创新行为研究不同，Dosi(1982)研究了行业技术变革的动态演化过程，并提出了针对技术变革的技术范式理论。P. Stoneman（1983）则分析了科技创新扩散的路径依赖，在《技术变革的经济分析》一书中，他将科技创新的扩散分为企业内扩散、企业间扩散和国际间扩散三类，他指出，同样的创新成果在不同国家的扩散速度差异明显，而同一创新成果在同一国家不同地区的扩散速度也不尽相同。即使处于同一国家同一地区同一产业，但由于不同企业自身差异较大，也导致其接受并采用新技术的速度存在差异。D. Sahal（1985）在“创新—扩散”模型的基础上提出了“创新—学习—理解”的科技创新扩散模型。N. Rosenberg（1969，1976）从科技创新过程机制方面进行研究，Lucas Robert E. Jr.（1988，1993）、P. M. Romer（1986）等对技术进步内生增长模型等方面展开研究，Richard R. Nelson（1966，1977）等人主要探讨了技术经济的演化，J. M. Utterback（1974，1978）、S. Myers（1969）、J. M. Langrish（1971）集中研究了科技创新的发起、促进效应，内部运作与结构体系等方面，在科技创新理论体系研究方面做出了一定的贡献。Etzkowitz 和 Loet Leydesdroff（1997）则基于进化理论提出了科技创新的三链螺旋（Triple Helix）模型，该模型考虑了网络效应对人们行为的影响，其由大学—企业—政府组成的，它不仅象征着三者之间的关系，而且象征着这三者之间的内部转化。此外，进入 90 年代后，由于信息技术以及知识经济的不断发展使得原有的科技创新已经不能完全适应当前的环境，其挑战了当时的科技创新理论，经济学家已经意识到了，只有在更广阔的空间研究科技创新，科技创新与经济之间的关系才能被掌握。因此，出现了科技创新和制度创新的融合。J. Benhabib、Serlitis、Day、Barnett 等描述了科技创新的非线性特点（Charlie Jackson，2001），国家科技创新系统成为研究热门，考虑技术与环保问题的绿色科技创新研究已经开始，可以将这一时期的科技创新称为系统化的科技创新。

2.1.2.2　制度创新理论研究综述

尽管 Schumpeter 在创新概念中提到了制度创新，但他并没有对此进行深入研究。而随着 20 世纪 80 年代日本经济的迅猛发展，经济学家们意识到制度对经济的发展有着很大的作用，制度创新的研究始于科技创新的研究，在此期间产生了丰富的研究成果。制度创新学派主要以美国的经济学家 Lance E. Davis 和 D. North 等人为代表，主要观点涵盖了制度创新的具体内涵是什么，有哪些因素会影响制度创新，制度创新的具体过程和过程的每一个步骤等。Davis 和 North 于 1971 年出版了《制度变革与美国经济增长》，在书中，他们进行了较为全面的阐述，并在此基础上提出了制度创新理论。首先他们解释了什么是制度创新及其具体概念，Davis 和 North 认为制度创新指的是现有制度发生了改变，这种改变会给创新者带来额外收益。具体而言就是新发明被应用到了经营管理形式和组织形式之中，指出所谓“制度创新”是指经济组织形式或管理方式的创新。此后，通过分析制度创新的促成因素主要包括市场规模与生产技术的发展，Davis 和 North 认为包括外部收益变化、交易费用减少、成本降低、规模经济、新技术应用在内的多个因素共同导致了潜在收益的存在，而这种潜在收益会引起制度创新。然而这种收益只是潜在的，因为达到规模经济存在种种条件，对于风险的厌恶程度，外部性内在化的过程存在诸多难点、外部制度环境的不完善等因素。而根据经济学的相关观点，人是理性的、趋利的，当获取潜在收益存在困难时，理性人就会想尽办法克服困难，因此制度创新发生了。当市场主体的预期收益大于预期成本时，制度创新才会发生，反之不会发生。他们还进一步将制度创新的过程进行了分析，制度创新的全过程被分为五个阶段：组成第一个促进机构变革的行动小组，即在机构变革中起主要作用的小组；该小组的主要目的在结合自身实际情况，制订制度变迁的主要计划；按照制度变迁的原则，进行评估，最终敲定制度变迁的具体计划；组成第二个行动小组负责推动所在组织进行变革，该小组充当第一个小组的配角，扮演了次要角色；在第一个小组和第二个小组的推动下，可以完成体制变革。

他们还探讨了现有制度和新制度之间利润差，即“外部利润”。一般来说，信息不仅有成本，而且报酬递减，降低信息成本的创新肯定会增加社会总收入，外部利润导致制度创新，但是在实现这些利润后，短期制度均衡就会重新出现。正如Schumpeter将科技创新作为经济增长的推动力一样，North等将制度创新作为经济增长的推动力。林毅夫作为新结构经济学的代表人物，认为制度创新可以分为强制性制度创新和诱致性制度创新（林毅夫，2002）。其中前者是“由政府命令和法律引入和实施的”，后者是“指通过个体或一群个体面对盈利机会时发起、组织和实施的，会变更或替代当前的制度安排，或创建新制度安排”。后者的场景适用于在原有制度下无法获得利润导致的；但是，前者的引发原因可能完全是因为不同群体之间的收入分配发生了变化，尽管这一过程在一开始具有自发性，但是基本上都依靠政府采取行动促进这一变化的持续进行。结合这位经济学家的观点，我们不难发现，强制性制度创新具有命令性、执行性强的特征，其主体往往是政府乃至国家采用强制手段让旧制度转变为新制度；而诱致性制度创新是渐进的、缓慢的、自发的。

制度创新理论可以说是制度经济学与 J. A. Schumpeter 创新理论两个学术流派的融合，其将制度学派有关“制度”的研究成果和 Schumpeter 有关“创新”的研究成果相结合，进一步深挖了制度安排对于国家经济增长的作用，发展了 Schumpeter 的制度创新思想。但国家制度改革创新主义理论中所描述的国家制度创新仅泛指国家政治经济管理制度，如国家金融管理组织、企业管理制度和国家工会管理制度等，并不完全包括我国社会主义政治经济环境及其作为基本背景。另外，Davis 和 North 的经济制度改革创新假设理论的基本前提是“经济人”的思想，一切研究都以此展开。Davis 和 North 认为除了制度以外，还有三个影响因素会导致经济体制的改革创新，具体来说分别是企业生产技术的不断革新、企业预期经济收益的适时调整、企业市场规模的持续演变。然而实际上，Davis 和 North 的观点犯了一个错误，那就是他们忽略了制度功能其实已经包含了市场规模扩大和技术进步，具体而言就是市场规模和技术进步本身就是制度安排的重要因素。除此之外，针对制度研究的手段和方法，制度创新学派在某些方面与以契约论为代表的新古典范式较为类似，比如制度创新学派和新古典范式都坚持比较静态分析和局部均衡分析，产权概念和交易成本在作为基本分析单位时，时常模糊不清没有具体的定义，这就导致了经验实证方法难以使用。另外，制度创新学派也追根溯源地深入研究了制度创新的类型，制度创新被划分成两大类，即前文提到的强制性制度创新和诱致性制度创新，但是忽视了二者之间的共同作用，但是考虑到一些制度创新的发生可能同时是诱致性和强制性共同作用的结果，因此这样的划分方式并不是绝对的。

2.1.2.3　管理创新理论研究综述

作为继承和发展 Schumpeter 创新理论的成果，科技创新理论和制度创新理论针对技术与通过对两个独立新型领域的制度的研究，相关理论体系也进行了创新。尽管上述理论并没有直接讨论管理创新，然而在J.A.Schumpeter前面的理论虽然说还未涉及管理创新，但是他最先提出关于管理创新的概念。他指出，管理是可以进行创新的，而创新也进一步地促进经济的增长。从微观层面上来看，制度安排上的改变，可以看作是企业组织的创新，这种管理体制的变革也是一种管理创新。科技创新并不等同于管理创新，它们却有同样的目标，还存在着密切的联系，都是创新活动中比较重要的部分。同样地，它们之间的影响因素也较为相似，有相同的主体，客体或对象之间也有一定交集。首先创新活动例如管理创新和科技创新，都是需要全员参与的，这也是它们之间的共同特征。其次，科技创新和管理创新之间的共同任务是企业能够提高核心技术发展速度和加强建设自主品牌，它们之间是相互辅助和促进的，它们本身也是管理创新的内容。管理创新在一定程度上可以促进技术进步，它是组织和管理的创新，科技创新也要求和促进着管理创新。可以说Schumpeter的创新理论在一定程度上影响着制度创新理论、科技创新理论、管理创新理论等。他的理论有着很好的启发和指导作用，影响了后来的管理创新的研究视角、研究内容和相关结论等。其中也还是有着缺陷的，比如说理论中的假设与实际情况并不符合，科技创新中的完全竞争和企业大小等同化假设，就是与实际情况不符的，与资本主义社会和我国国情都不符合。同样地，制度创新的研究中也存在不严谨的地方，其并没有明确制度类型。研究上采用的纯理论模型也是一种比较片面的研究方法，它只考虑了经济和心理因素，一些非经济因素作为已知的条件，还是考虑得不够全面。

2.1.2.4　国家创新系统理论研究综述

从 1990 年开始创新理论研究上升到了一个新的阶段国家创新系统的提出，国家创新系统较为复杂，主要是关系到科学技术的社会运行，其上升为国家层面，是一种通过各部门之间的通力合作而形成的创新网络。国家创新系统是一个整体，主要是资助和参加 R&D，将最终的成果转化为商品，新技术的扩散和相关组织的组成，都受其促进和影响。

但是德国经济学家 Friedrich List 很早的时候就开始从系统的角度对国家的发展进行研究，处于古典经济时期。19 世纪 40 年代，List 在其关于政治经济学的国家体系方面的研究，对后来的研究者有着很大的启发作用，是首次从非企业角度对政治经济发展问题的研究，研究层面扩大到了国家，很有独创性。

在 20 世纪 80 年代，英国的经济学家 C. Freeman 在他的著作中提出了国家创新体系的概念。日本从当时一个非常落后的国家，到后来的工业化强国，其经济发展势头非常强劲。主要以科技创新为主，辅之以一定程度上的组织和制度的创新，这是一种国家创新体系发展的结果，并不是简单的科技创新。国家经济发展的过程中，仅仅由自由竞争的市场经济是不够的，政府的大力支持也尤为重要，从长期的视角来优化资源的配置，使工业和企业能够得到很大程度上的创新。　C. Freeman 认为国家竞争力的提高也非常依助于国家创新系统。

从微观的角度来看，通过观察用户和厂商之间的相互作用可以看出，地理文化差异也是影响用户和生产者之间作用的因素，用户—生产者相互作用作为分析方法，将其引入国家和国家层面，可以看出，国家生产体制和创新体制是在历史发展中产生的，是比较难在各个国家之间进行转移的

（Bengt-Ake Lundvall，1992）。所以说，在如今这个经济技术飞速发展的时代，开发新技术时，必须考虑到建立组织和制度化的现状，它们可能是开发新技术的最大阻碍。他进一步将国家创新系统定义为：“在生产，传播和使用新的，对经济有用的知识的过程中，各个组成部分和关系之间的相互作用……这两者都位于或根植于一个国家的边界内。”

在纳尔逊（R. Nelson）于 1993 年编辑出版的《国家创新体系》一书中，他比较分析了美国和日本等国家和地区资助科技创新的国家体制体系，并指出了现代国家的创新体系。在系统方面非常复杂，不仅包括各种制度因素和技术行为因素，而且还包括致力于公共技术知识的大学和研究机构，以及政府的基金和规划机构。在这些因素中，营利性厂商是所有这些创新系统的核心，它们相互竞争，相互合作。

随着经济全球化进程加快和区域经济合作的兴起，国家创新体系的运行不再仅仅受到国家排他性因素的影响，还受到国家间相互作用因素的影响，1990 年波特在《国家竞争优势》一书中，从微观和宏观的视角结合来看，较为具体和细致地对该要素进行了分析。他的研究视角和内容与前人有所不同，他的微观机制和宏观运作现实相结合的考察方式，属于国际流派，对国家创新系统进行了相关研究。

20 世纪末，经济合作与发展组织的专家们承接了国家创新体系的构想，通过收集和分析各种指标保证他们的可行性。他们重点研究了对金融领域的分析、各种机构的相互联系以及知识的分配等问题。他们认为国家创新体系的概念是基于这样一个假设，即创新过程中主体之间的相互作用对于提高科技创新的绩效十分重要。OECD 认为，创新机构之间的科学技术的流通是一国创新体系的核心内容和关键目标。

2.1.2.5　研究评述

根据上述的研究，创新理论主要源自 J. A. Schumpeter，在理论发展的初期，强调科技创新和技术进步在经济发展中的重要作用，将科技创新视为一个复杂的相互作用过程，注重揭示“黑箱”的内部运作机制，从技术的创新与模仿、技术扩散、技术转移等视角深入地研究了科技创新，进而形成了以 E. Mansfield、M. Karmien 和 N. L. Schwartz 等为代表的科技创新学派。而在 20 世纪 80 年代受日本经济飞速发展的影响，制度对经济发展的巨大影响开始被经济学家们所关注，通过创新与制度的有机结合，他们分析了制度因素与科技创新、经济效益之间的关系，强调经济发展中制度安排和制度环境的重要性，产生了以 Lance　　　E. Davis 和 D. North 等为代表的制度创新学派。然后，随着科技创新研究的不断深入，学者们认为国家创新体系是一个参与、影响创新要素分配和利用效率的参与者、关系网络和运行机制的综合系统。在这个系统中，企业和其他组织等创新主体通过国家系统的安排和互动来促进知识的创新、引进、传播和应用，使整个国家的科技创新的绩效提高，并由此形成了 C. Freeman、R. Nelson 为代表的国家创新系统学派。在这些理论的发展过程中，管理创新理论也被学者们提出并展开了研究。

总的来说，在创新理论探究逐步深化的同时，研究者们认为企业科技创新的成效的有效促进并不能只依靠技术要素的投入，因此，深入探讨了其他因素对企业创新绩效的影响，重点也转向如何结合其他因素来协调企业科技创新，由此来提高企业科技创新的整体成效。随着经济体制改革的深入，非科技创新模式已逐渐成为企业获得竞争优势，实现可持续发展的核心动力。无论是龙头企业还是后发企业，通过科学地培养企业的动态技能，进一步延伸和整合自身的价值链，稳定企业的战略联系，可以改善科技创新和非科技创新的总体观念。稳固现有价值的战略环节，并在科技创新的基础上及时开展非科技创新，维持自身的竞争优势。尤其是对于新兴企业，可以采用非科技创新模式来有效控制成本，实现整体利润最大化。这种把握市场机会并整合自身资源的能力将促使后发企业实现跨越式发展。

2.1.3 创新影响因素研究综述

学者们在研究了创新相关理论的基础上也对影响企业创新的因素进行了分析，如 Dosi（1982，1988，1997）认为一些因素是非常重要的，例如技术机会、由企业私有化程度决定的动机、拥有的能力基础和组织安排等。从内部和外部两个角度来看，内部因素包括：企业和行业的相关能力、相关的促进因素，外部因素主要包括：宏观层面的经济发展趋势、科技的进步程度、是否有具备能力的工程师、传播知识的基础设施是否完善、区域间的流动是否受到限制、市场变革是否遭受阻力、市场竞争的特征、相关需求的特征、能够融资的渠道、政府关于行业的相关政策、政府采购等。也有学者认为企业的创新机制的激励因素可以从内外两个方面来看，内部来说，企业的盈利能力和产品生产能力等；外部来说，包括整个市场环境的影响、政府的相关政策、宏观的经济发展趋势、技术相关供应情况、知识流动基础设施的设置是否完善、社会的认知是否全面等（Dosi，1982，1988，1997；Nelson & winter，1982）。企业也需要注重外部资源的建立，例如使信息和知识的传播途径快速、通畅，人才间的相互流动不受阻碍，专业的服务到位、相关实验室配置齐全等问题。

企业创新中比重较大的还是科技方面的创新，所以，众多学者对其影响因素进行了深入的研究。但是其影响因素还是较为复杂的，一些学者对其进行了精炼的总结。企业的科技创新机制主要分为七个要素，分别为：技术创新遇到的瓶颈、是否缺少关键输入、是否有丰富的能源、供求关系的变动、需求是由什么构成的以及相关变动和增长率、资本品和劳工价格水平的变动、产业冲突等（Rosenberg，1976；Hughes，1987）。也有学者认为科技创新的激励机制包括技术机会、相关需求、激励方式（若是私有化程度高，激励程度就越高）、能力和组织形式等（Dosi，1988，1997）。

Breschi，Marlerba 和 Orsenigo（2000）对企业科技创新的激励机制进行了较为严格的定义，认为其是技术系统。在他们研究中的技术系统角度来看，企业的科技创新是有一定的规律的，是一种随着创新过程而逐渐形成的特有的惯例，具有一定的启发性，是在一定的系统中进行的。这些惯例具有路径依赖性，往往也是难以突破的（Nelson & Winter，1976；Dosi，1982，1988；Nelson & Winter，2002）。因此，Malerba 和 Orsenigo（1996）以及 Breschi，Malerba 和 Orsenigo（2000）认为，企业的科技创新需要技术能力的积累，技术创新是否具有未来，也是由其决定的。从 20 世纪 80 年代 Nelson 和 Winter 的研究以来，在技术体制的后续研究中，对科技创新的影响因素主要分为技术机会、能够私有化的程度、相关知识基础、积累的行业创新（Breschi，Malerba & Orsenigo，2000）。一些比较零散的研究，特别强调行业的成熟程度、科技联系和技术知识的外部来源（ Levin ，Lohen & Mowery， 1985），并将行业结构结合在行业技术的生命周期（ Klepper ，1996），对科技创新的动因做了分析。特别是技术学习研究，从理论与实证研究的角度阐述：基于技术学习的技术能力与知识积累是科技创新发展的关键力量（Teece，

1986；Cohen & Levinthal，1990；Winter，2000）。Marleba（1992）指出，在特定的需要环境和产业技术开发周期中，在实际学习中、使用中、供应商和客户之间的互动学习中、研究中的学习中、使用传统的知识库中、使用科技的进步中、使用科技的进步，都极大地促进了我们的科技进步。在研究我国科技创新的产业促进因素方面，数据主要来源于科技创新和我国产业结构之间关系的相关属性研究，其提供了重要的参考依据。30 年来，在产业组织经济学的发展历程中，许多学者进行了细致的研究（Marleba，2006），从产业生命周期方面，产业中那些以产品体系和需求同质性为主要特征的，是非常容易出现设计的主导和产业集中度的，学者们通过相关实证研究也证明了，若是产业对产品的专业化要求很高，那市场的细分程度更高（Arora & Gambardella，1998；Bresnahan & Marlerba，1999；Murman & Frenken，2006）。Marleba（2006）总结为企业的研发决策进行创新的行为，都是会受产品特征和需求特征的影响。Levinthal（1998）认为，在科技创新方面，更多的还是对现有新技术的应用，其实基于生物学物种生成的原理。在与过去不同的资源网络和尺度例如弹性较高的价格与比较重要的技能："域"（利基市场）来探索新技能这个准备从而进行创新，而在科技方面创新的方式是积累技术。关于此方向的学术前言与重点主要集中在知识积累和创新能力，包括对创新路径的选择的惯例。不仅如此，企业需要有充分的内外部资源才能更好地进行变革创新（Dosi，1988； Marleba，1992），进而分享知识和信息资源，流动人才，积累服务经验，再帮助企业学习技能相关的知识。概括来说，目前对于企业科技方向上的创新体系尚未得出一致结论。但是，几乎所有关于科技创新激励机制的研究都认为内部和外部因素是相辅相成且不可替代的。

2.1.4　创新要素配置研究综述

创新要素配置主要包括从宏观国家角度和微观企业角度，在这两个层面国内外学者进行了研究。具体而言，从国家宏观创新要素配置行为的角度，更多地研究了国家科技规划与计划、科技产业技术政策对科技资源配置的影响，如 Ergas（1987）从“任务导向”和“扩散导向”来研究科技政策的宏观导向；John A. Alic（2001）通过研究，提出了用扩散和学习为导向来制定美国的科技政策；Uwe Cantner，Andreas Pyka（2001）提出了直接的一般介绍方法政策导向的解释问题；Lederman，Maloney（2003）在对 40 个国家 1960—2000 年的数据样本进行实证研究后，详细讨论了国家研发行为的影响因素。而从一个微观企业视角的内部科技创新要素配置对其行为而言，主要可以包括微观企业创新研发技术资源配置对其行为的直接影响以及要素结构分析和企业如何有效优化合理配置内部创新研发技术资源等两大方面作为研究重点内容。Guellec，Van Pottelsberghe（2003）采用案例对比分析研究我国政府通过直接政府财政补贴和间接政府税收补贴优惠政策方式间接促进对国外企业帮助开展研发创新活动，和国外政府通过对国外科研机构、高校的直接税收补贴政策来间接帮助促进我国企业研发创新活动等两种实际情况；Wu，Yonghong（2005）对影响企业私人公共研发经费支出的几个因素分别进行实证对比分析；Seung-Hoon Yoo.（2004）通过对比研究发现公共研发支出经费的快速增长对影响企业公共研发支出经费直接投入者的数量也具有正相关的关系；另外，还有很多国内专家学者对企业资产规模、劳动生产率、营业收入、研发投入回报率、企业所应身处的市场竞争形势环境等几个方面分别开展了案例分析与对比研究。从目前我国现有科学研究成果看，我国的学者更多地从定性分析和定量说明两个面的角度上来进行相关研究。从我国创新技术资源配置提高效率的制度定性理论研究而言，国内相关学者比较侧重于重点围绕基于资源管理体制与资源运行机制的多个角度开展研究，例如，彭华涛（2006）在深入分析我国区域性高科技创新要素配置的基本内涵和功能特征时，从科斯定理、寻租机制理论、公共资源选择机制理论以及制度学说等多个理论观点出发，进行了详细的理论阐释，并在此法的基础上，提出了一种提升科技资源配置利用效率的具体方法。就创新要素配置效率的指标定量评价研究而言，国内专家学者的定量研究成果主要特点有：刘玲利（2007）通过运用西方经济学等相关理论与实验方法，基于资源配置产出效率的视角，建立了我国科技基金资源配置产出效率指标评价体系，较为深入系统地综合探究了国家宏观经济层面的发达地区、省（自治市）或发达国家的各级科技资源配置产出行为；钟华（2008）通过结合文献和实证两个基本方面，研究指标对象确定为各主要发达国家用于科技资金创新发展活动，从各国科技 R&D 的财政投入产出配置情况特点出发，利用多种 DEA 分析方法综合探析了一些国家微观层面的科技 R&D 财政投入技术产出配置效率定量评价指标问题；邹清云（2008）通过研究构建国家财政用于科技资金投入与技术产出的科技资源配置产出效率指标评价定量指标体系，综合利用多种 DEA 分析方法与运用 PCA 分析方法等来评估不同区域内的财政投入与科技产出的相对效率；高真真（2008）采用 DEA 方法评价了我国 31 省（市）、地区以及河南省所辖的 17 个地市的科技人员投入产出效率；张晓瑞（2009）综合评价 2005 年我国不同省（市）、自治区科技投入与科技产出的相对效率；姚平等（2007）以产业视角出发，评估了黑龙江省工业产业的科技资源配置效率。

根据上述的研究结果可以充分看出，目前国内外相关专家学者都比较多地关注如何应用企业科技资源配置效率变化评价研究结果测度来指导实践，但是，存在着测度研究成果测度理论方法单一、对配置资源效率的变化影响相关因素的综合分析不够全面系统等一些问题，从相关理论实践层面上来进行比较系统理论阐释的学术文献也不多，针对具体技术企业和相关项目的科技资源配置效率研究仍然鲜有丰硕成果，科技创新要素配置效率问题仍然处于测度研究理论探索的新阶段，尚未形成完整的相关理论测度方法研究体系，值得深入研究探索和开展研究，以科学有效的方法指导国家相关产业和具体企业的自主创新科技资源配置问题实践研究活动。

2.2　动态技能研究综述

2.2.1　动态技能的内涵界定

纵观当前国内外有关我国动态技能问题研究的诸多相关学术文献，学者们对于研究动态适应能力的基本内涵及其界定尚未完全形成共识。Helfat（1997）的研究结果认为动态企业能力管理是各类企业管理能力集的一个部分，使各类企业人员能够在动荡的大环境下快速创造和推出新技术产品和新的企业生产流程，及时有效应对外部资源市场和大环境的复杂变化。而如Teece等（1997）更加具体地明确界定了企业动态反应能力的基本内涵，认为企业动态反应能力指的是一个企业通过资源整合、建立和创新重构内部组织内外的一种能力，进而对外部的环境变化以及环境情况做出及时正确反应的一种能力。Eisenhardt 和 Martin（2000）从过程的视角和企业市场机制学的角度为我来重新定义企业动态管理能力，研究人员认为企业动态管理能力实质上也就是一个企业有效运用人力资源中各要素的一个过程，企业通过对人力资源的有效整合、重构、获取和有效释放资源来最终实现资源匹配进而形成促使企业市场机制产生良性变革的全局性过程。Zahra和George（2002）认为动态技能是企业自身面对挑战时以变革为导向的能力，它可以通过分配和重建资源基础来满足市场需求的变化并应对竞争对手。Zott（2003）从资源的角度重新定义了动态技能，他认为动态技能是指导企业运营资源分配的过程。Helfat和Peteraf（2003）基于企业发展能力的生命周期理论，研究了企业动态技能的产生和变化过程，着重分析能力发展，简要探索资源，强调从静态发展演变的思想。在当前技术变革和全球竞争的背景下，将概念转变为动态发展概念，如果企业缺乏相应的动态技能，那么可持续发展就难以实现，组织变革不可能成功（Pan，Sieh，2006）。

国内学者早期主要关注静态环境下企业竞争优势的取得，而由于外部环境不断变化，市场竞争日益激烈，企业想要继续依靠原有静态环境下获取的竞争优势自我发展必然会被其他企业所赶超。为此，国内学术界对于动态环境的研究有所增加，但对于动态技能的内涵界定相对缺乏。贺小刚等（2006）认为动态技能是企业通过组织学习来应对外部市场的巨大变化的能力，其特征在于动态、系统和结构性特征。孙永风等（2007）认为企业创新主要是创造一种适应动态变化环境的能力，其核心是企业能力的创新。龚一萍（2010）从动态技能的建设和发展入手，认为其实质是企业持续“创造性破坏”的过程，并强调企业动态技能的建设应基于创造力，并注重革新。徐二明等（2012）认为，企业能力最重要的创新是“软实力”的创新。企业只有通过“软实力”的创新，才能适应复杂多变的动态环境，形成新的竞争优势。陈继祥等（2013）表明，动态技能在企业创新中起着指导作用，是中国中小企业选择创新模式的基础。

综上所述，尽管国内外学者对动态技能的概念持有不同的看法，但核心观点基本一致。一方面强调动态技能是根据外部市场环境变化及时更新，真正与时俱进的能力。另一方面，它强调动态技能是充分发挥企业整合和资源置换，组织学习与吸收的能力；它强调动态技能是打破企业自身发展障碍并实现“破坏性创造”的创新能力。本书主要以 Teece 的观点为依托，并结合相关企业实践，认为动态技能是指企业通过不断调整自身的发展方式来适应环境变化，感知市场条件，整合内外部资源，增强组织学习的能力，这是企业后期发展的重要动力。实现赶超发展。

2.2.2 动态技能理论文献回顾

在当前经济新常态的背景下，企业如何创新并维持自身的竞争优势是非常重要的议题。多年的学术研究结论认为，企业之所以能够保持竞争优势，主要是由于企业建立了可持续的竞争模式。在此基础上，学者运用相关理论解释了企业竞争优势的来源。从 Michael E. Porter（1980）的工业环境竞争力研究，到企业资源和能力的资源观（Barney，1991），再到当前的动态技能观，该理论的发展表明了对以下方面的学术观点的转变。企业发展能力和竞争优势，反映了不同时期企业理论发展的差异。学者们从各自的研究角度分析了企业竞争优势的来源，形成了不同的企业战略理论，其中最具有代表性的理论主要有三种，即以 Andrews 等为代表的古典战略理论、以 Porter 为代表的产业结构理论和内生要素理论。其中，Andrews 等人认为，企业的发展应根据内部和外部环境因素的变化及时调整策略，及时把握外部环境带来的机遇，尽最大努力避免由外部环境带来的威胁。积极发挥内部优势，努力克服内部劣势，从而在市场上获得竞争优势。该理论实质上表明，企业可以通过匹配内部和外部环境因素（即 SWOT 模型）来寻求竞争优势。之后，Poter 根据工业经济学的 SCP 分析范式建立了五力竞争模型，并提出了三种竞争策略。同时，他结合价值链分析工具，最终形成了系统的竞争战略理论体系。根据产业结构理论，企业的竞争优势源于自身产业的吸引力和相对市场地位。Poter 理论仍然是 SWOT 分析的主要思想，但它强调企业的外部定位，很少分析内部结构和资源。而内生要素理论则从企业内部的研究着手，认为企业竞争优势主要来源于其自身所具有的差异性资源和能力，并使用相关的价值创造策略来获得竞争优势。该理论已演变为资源要素论，核心优势论和动态技能论三个分支。资源要素理论的代表人物 Wernerfelt（1984）、Barney（1991）和 Peteraf（1993）认为，企业拥有的异质战略要素是它们获得可持续发展优势的重要支撑，而这些资源极有价值，不能被模仿，不能被替代，不能在企业间完全流动。但是，它的缺点是静态理论被用来研究动态过程，无法解释企业如何在动态环境下获得竞争优势。核心竞争优势体系理论的主要代表先驱人物包括 Praharad 和 Prhamel（1990）都同样认为，内部企业核心竞争能力管理优势的有效积累性才是一个企业如何维持外部竞争对手优势的根本关键所在，组织很有可能会通过这种积累性的管理学识来有效协调实现企业内部生产管理技能和企业技术管理。然而，Leonard-barton（1992）认为，企业的现有核心管理能力将直接排除其他管理能力的不断产生，从而直接导致企业核心管理能力的结构僵化。动态企业能力缺陷理论的主要代表者有 Teece、Pisano 和 Pishuen，他们认为，基于企业资源内外要素优化理论的企业静态能力缺陷和理论核心是关于发展企业能力的基本刚性结构问题，他们结合经济演化论在经济学中的理论研究首次明确提出企业动态优化发展企业能力的基本研究理论框架，该研究理论主要强调对各种企业的内外资源和发展能力关系进行企业动态优化管理，通过研究建立、整合、重置各种企业内外资源要素和发展能力关系来营造适应动态变化的商业环境。

总体来说，学者们一直十分关注企业如何获取持续的竞争优势，对该问题的研究从资源基础观发展到核心能力观，再演变到动态技能观（董保宝等，2011）。而受经济社会形势的变革影响，众多学者越来越重视动态技能的研究，这主要是因为动态技能观强调了企业适应外部快速变革的市场环境的动态性，同时也注重提升企业更新自身发展能力的能力，弥补了资源基础观和核心能力观的缺陷（董俊武 等，2004）。然而现有的研究主要考虑的是理论框架的构建方面，对动态技能进行定量分析还相对较少，且在研究动态能力时没有系统性地论证各个维度。为此，本书以江苏省企业为研究对象，结合其在动态环境下的发展现状，根据自身的后期发展优势，我们可以充分协调动态技能的子能力之间的关系，即适应环境的能力、感知信息的能力、资源的重构能力和组织能力。学习，以促进后发企业的创新追赶，并赶上同行业的领先企业。

2.3　后发者与追赶过程的研究综述

对于后发者的深入研究最早可能是由美国历史学家 Alexander Gerschenkron 所提出的，他通过对 19 世纪欧洲的后期开发工业化新兴国家比如德国等展开深入研究，发现他们不仅能够充分利用最先进的工业技术、通过更大更有规模的商业活动迅速进入新兴产业并迅速获得竞争优势，同时还希望能有效避免由于经济制度改变所带来的产业创新能力制约。他指出了后发者的制度优势，并特别强调了国家机构在帮助后发者克服劣势和追赶行业领导者中发挥的重要作用（Gerschenkron，1962）。Mathews（2002）在 Gerschenkron 的后发者理论的基础上提出，无论是最早的日本，还是新加坡、韩国、日本等东亚地区的政府，均在这些地方发展过程中对其工业化做出了举足轻重的帮助，是“后发者理论”的见证者们。早期技术先进者和后发者不一样，更追求技能的领先和扩散方式，一般是由发达地区转移到不发达地区，帮助落后地区技术的学习和进步（Perez & Soete，1988；Bell & Pavitt，1993）。所以，后发者即便在技术上和先发者有着差距，也会随着时代的进步和理论的成熟，将此方面差异慢慢缩小，从而进行理论上的融合和发展。

2.3.1 后发者研究综述

可以说，战略上资源的地位是后发者的研究关键，因为定位可以帮助企业确定其竞争优势和不足，并且对此做进一步的拓展，作为之后战略研究的关键。Mathews 及其合作者们有计划地探讨了后发者对其定位和战略上的考量。Mathews 和 Cho（1999）提出，后发者可以靠着在先发企业基础上已有的技术和信息学习和发展自己，复刻对方的发展历史，防止后发者对技术创新进步的懒惰性，来进一步地在国家资金政策等帮助下以及其他的激励机制与机构的合作下进行交流学习。学者们认为，企业后发者可以分为三大类，即行业内后发者、新生代以及后发类进入者。因为首先，后发者有着快速学习和模仿先发者的特征，它们的战略目标是最大限度地快速学习并赶上先发者；其次，后发者主要是在模仿学习的基础上整合已有的其他企业的资源，并在本组织的框架内继续经营和发展；再次，后发者是快速学习者，有能力快速学习各种能力和技能，并且可以适应各种组织制度，再更加适应和改进自己组织的框架和运行效率，从而在此方面获得竞争优势，有效适应不断变化的外界环境。Mathews 和 Cho（1999）在吸收能力观和学习资源观的理论基础上，研究发现后发者履行其战略时需要符合一些标准：第一，资源吸收能力可以作为后发者战略的前提，吸收外界资源能力越强越主动，越有机会进入该行业；第二，外部环境资源越可以在相关节点和区域被吸收和采纳，越有利于后发者进入学习整合的循环中，在新的一轮中越能实现干中学（单环学习）效应，加快学习和整合速度，行业获得进一步成果的概率就越大；在每一代行业新产品的不断发展中，学习整合能力会得到循环提升和结果优化，干中学效应越发显著，行业获得更有机会成功，进一步的干中学效率的提升也会带动后发者转向双环学习。

综上所述，后发者可以实施“建立联系网络—整合资源—技术学习”的发展战略，构建其特有的网络框架，和外界进行合作共赢，对不同的网络进行整合学习，从而在此过程中进行创新，发展和优化已有的联系管理网络，积累其人力资本，达到有效形成其动态管理资源的能力（Mathews，2002，2006）。Hobday（1995）通过研究和分析东亚四国，发现了后发企业存在两种缺陷：一是国际上很难找到后发企业可以进行技术和研发产品学习的对象，它们与科学研发创新中心等在地理上隔得较远，但同时它们又缺乏工程等技术创新能力，此方面理论和实践基础均较为不足，大学等科研机构也往往落后，因此在直接创新产出技术方面较为落后；二是后发企业在客户基数上明显落后于那些先发的已经占领国际市场或者高端技术敏感型用户对口的企业，在这些市场上存在进入壁垒，形成了此类国际市场和用户需求上的不足。Cho，Kim 和 Rhee（1998）通过分析日韩两国半导体设备行业成果案例，发现了经典的后发企业战略可以分两大类，第一个是处于后发者战略劣势难以克服型的战略，其特征以忍受低成本利润率和尽力最大规模扩张并行为主；第二个特征以压缩减少技术时间资源、引入技术人才、定位高端用户、整合多领域技术和资源模式为主。

探讨我国后发者最近 30 年政策可以发现，尽管我国后发者战略政策研究看重地方政府在此过程中发挥的“领头羊”功效，也慢慢转向引入其他的政策理论技术观点来引导我国后发者发展战略里存在的暗箱操作。不仅如此，此领域内学者们也开始关注国际化能力和资源的差距，而不是过去的由国家不同导致的资源不同。然而，Mathews 及其他相关专家学者的研究无法对后发者行业定义和界定有普适性的结论，学界无法对行业后发者与关于行业后期新进入者之间的技术差异有大规模赞成，所以无法应用于所有的行业科技创新追赶者的研究。比方说，Christensen 及其长期合作者的行业破坏性科技创新系列研究成果可以看出学者们不再关注行业后发者的行业定位，而是更关注资源和能力方面的差异，进而试图解决在此方面存在的不足。Christensen 及其技术合作者机构（1995）试图研究并分析出为什么企业会在技术能力这两方面存在不同，并且和多家机构一起进一步探索一种新的企业后发者创新战略管理模式，即破坏性强的创新战略模式。Christensen 和 Rosenbloom（1995）在其文章中写道：在位传统企业在已有的行业价值网络中常常可以适应各种类型上的科技创新，包含了所有架构科技创新和所有模块科技创新，然而当出现新型行业价值创造网络时，在位传统企业会不那么积极地实施创新，再进一步地错失最好的创造价值网络并迎合市场获得竞争优势的节点。但是同时，新兴的进入者通过有效利用已投入的战略创新要素，更有效地建立新的行业价值创造网络，从而迎合新兴市场的喜好，再获得更新的竞争上的帮助。所以，对于科技创新者，无论是科技创新应用程度、科技创新应用、行为类型特征，还是对企业价值运营网络的技术改造应用程度，都可以对其进行有效的分类。一方面，如果在企业价值运营网络中科技创新只能产生新增值，无法简洁有效地影响该网络中企业战略价值发展规划方向，那么科技创新只能是“简单直接”的，不管企业风控能力和技术做到什么程度。Christensen（1995）在人力资源观和管理能力观的基础上也提出，现代企业资产是在企业资产结构组合视角下的可以联络价值链上所有职能资产（管理和人力资源能力）、联络不同职能资产和企业管理资产等的一个资产结构组合体，可以帮助加快发展企业的科技创新。企业管理需要区分四个不同的创新型技术研究资产，包括应用科学上的研究创新资产（纯应用科学技术研究和传统工业技术研究）；流程上的创新技术资产（传统硬件和相关软件的科技创新）；产品中的创新研发应用技术资产，有企业产品应用工程化、仪器设备应用配置、软件应用发展，产品中的创新技术应用资产进一步细化为产品技术设计应用（针对产品技术应用问题来减少产品技术应用不稳定性）和产品功能设计应用（希望改善产品用户界面功能设计从而减少用户现实使用时功能的不稳定）；传统美学产品设计技术资产，是关联产品设计技术、功能设计特点和产品战略之间的通道。在企业价值分析网络、科技创新的新技术分类以及企业科技创新的基础上，对资产的分析研究，破坏性科技创新管理模式从而飞快发展（Christensen，1997；Christensen & Raynor，2003）。Christensen 等指出：先发企业和具有技术优势的企业常常具有技术优势，而后发企业和技术落后者只有依靠“利基市场”才有发展空间，将“利基市场”作为企业创新的技术发展路径，后进入行业的企业必须改变企业的创新战略，以顾客的需求为企业的创新导向；后进入行业的企业会有行业壁垒，只能通过差异化的创新技术才能逆袭领导企业，打破领先企业的市场结构。

依据相关学者的文献研究可以发现，后发企业主要从以下两个角度提升企业的科技创新水平：首先，后发企业需要依赖于外部的创新资源，以外部资源为基础，来不断提高企业的专业技术水平，后发企业应该首先以模仿其他企业的技术为主，这样可以快速实现对先进企业的追赶；其次，后发企业和技术落后者可以重新建立新的企业发展结构，利用新的产业价值驱动企业发展，重新设计企业的结构，将企业的科技创新与产业结构相结合，通过另一条路径创造出新的创新技术发展产业从而进入利基市场，实现对企业的资本架构的调整。这两个角度的发展方式对后发企业既有优点也有缺点，第一个方面对后发企业的发展潜力和效率要求都很高，第二个方面，则要求后发企业具有核心的价值体系和对市场具有敏锐的洞察能力，了解市场的产品发展路径，有针对性地开发，但对企业的发展潜力和效率要求较低。

2.3.2 技术追赶研究综述

19 世纪德国第一个对技术追赶做研究，美国和其他的欧洲国家在工业化进程中也对其有过研究，在 1980 年以后，大部分的学者开始对企业的创新追赶进行研究，主要集中在东亚和南美等发展中国家。Lall（1981）研究发现，发展中国家和发达国家对于技术追赶存在显著不同，主要体现在科技变革和创新方面。发达国家可以发现企业创新并不连续，尤其在制造业的技术创新之中，然而发展中国家并不能认识到这种创新的不连续，他们只能制作一些小的科技创新，或者借鉴他人基础的研究，进行适当的改进和调整来创新。尽管如此，他们还会受到市场规模偏小、没有足够的技术工人和创新资源等的限制，因此只有通过鼓励企业自主研究和政府加大对企业的研发扶持和对企业的创新保护，中国等发展中国家由于技术落后，主要进行小规模、成本较低的科技创新，而欧洲等发达国家由于具有丰富的资源，能够致力于高科技的开发。

Perez 和 Soete（1988）的研究发现，后发企业在追赶发达国家的企业时，科技的追赶主要是放在企业的基础设施建设方面，但是没有对引进高水平人才和对企业的员工进行专业技术的培养，后发企业的技术追赶会陷入到自制产品存在的技术陷阱，其制造的产品没有技术含量，会造成利润水平较低，产品的回报率低下的循环，企业的发展模式也会不容乐观。本书认为后发企业主动参与科技创新，不断地进行技术革新，寻求更多的参与机会，提升企业的创新水平是提高企业发展战略的着重点，后发企业不能仅仅依靠引进外国的技术和成熟的工业体系，因为，如果企业仅仅依靠国外技术和生产流程，对国外技术进行大量的投资，这并不利于成熟的技术在本国的快速发展和提升本国创新水平，尽管消化和吸收国外的成熟技术是实现落后国家实现现代化所必经的路径，但是传统的制造业技术和人力资本等一些新技术在消化和吸收国外成熟技术时是完全不同的。基于以上分析，Perez 和 Soete（1988）以为，后发企业的科技追赶资金必须由当地政府负责，主要有技术的购买，消化和吸收技术的成本，此外，企业还要获取知识和经验所需要的资本。此外，Perez 和 Soete 还提出了技术生命周期模型，其指出随着科学技术的不断发展，引入国外技术的成本也在不断发生着变化，后发企业引进技术时需要考虑引入技术的最佳时机。此外，由于每一项技术并不是单独存在的，其需要依靠当地国家的工业化技术结构，但新技术体系主要由后进入者来构建，科技追赶的国家可以从中得到发展技术的窗口，但是要获得技术窗口得需要大量的知识资源，从而具有新技术系统，使得追赶国家能够更快地具有新技术系统。而且 Perez 和 Soete 还发现，技术追赶的国家更乐于投资新的技术，因为原先的技术的发展前景较为暗淡，所以他们常常会对新技术体系投入更多的人力和物力。

韩国从一个落后的发展中国家，顺利地完成了对日本的追赶，向世界树立了一个鲜明的例子，其不仅可以追赶发达国家还可以快速提升企业的工业化，这也促进了工业技术对科学研究市场追赶的浪潮。Kim（1997）利用案例分析的方法对历史案例进行分析，他发现整个韩国的技术发展主要包括四个方面，一科技创新模仿，二科技引入，三消化和吸收科技，四再开发新技术韩国的产业发展过程中，首先是依赖技术引进，然后是帮助各个企业学习技术并进行大量的科技投资。Lee 和 Lim（2001）则从企业的科技创新水平角度出发，深入分析了后发企业是如何追赶先头企业的，他们提出，企业需要有自己的自主的研发能力和充分的创新资源来提升企业的创新能力，从信息技术和服务市场两个角度出发，只有这样，企业才能通过技术追赶实现对先头企业的超越，这是企业主要需要考虑的方向。第一，企业要依据自身的技术发展路径不断地改变自身的频率，企业的科技创新频率、获取外部技术的知识的连续性等都是确定新产品和新技术的关键。第二，选择成本较低，具有差异化的产品，行业的技术优势和确定市场未来的发展尤为重要。第三，企业制定的战略要和政府民生发展战略相契合，产品的开发要与市场需求相适应，制订合理的开发计划有利于企业的技术追赶。通过对典型行业的深入分析，Lee & Lim 提出技术追赶主要有技术跳跃模式和路径创造模式这两种模式，其中，合作创新对于自主创新尤为重要。

通过上述梳理发现，后发企业的研究和技术追赶都重视群体之间在科技创新方面存在的区别，其中存在优势也存在劣势。而且，后发企业的研究和技术追赶既存在差异又存在联系，此外，后发企业所处的制度环境也会对其创新战略和技术追赶产生影响，但这并不是主要原因。企业的科技创新的主要目的是构建技术创新平台，另外，不管是后发企业的研究还是技术追赶，演化经济学的主要理论都能够在研究案例中体现，也有非常相似的观点。最后，在全球化的大环境中，国家之间的不同会很快被企业之间的不同所替代，后发企业的研究和技术追赶也会慢慢合并，因此，避免创新资源和水平的差距是未来科技创新战略的重点研究领域。

2.3.3 研究评述

综上所述，后来者研究和技术追赶研究的理论基础是基于进化经济学的。通过上述文献梳理，后发企业的研究和技术追赶都是依靠进化经济学的理论发展的，所以后发企业的研究和技术追赶的理论与发达国家相类似。通过对后发企业的研究和技术追赶这两者的研究，可以发现又有后发企业的劣势战略还有优势发展战略（Mathews & Cho，1999），主要还有 Perez 和 Soete 提出的技术追赶的效率问题，技术追赶如何创造新的路径等问题都可以在一个研究框架中一起探讨，如后发企业所处的环境，选取怎样的创新战略，怎样才能实现对先头企业的技术超越。

对于发展中国家的技术追赶和创新能力问题，现有研究已经形成了较为完善的研究体系，韩国的案例就是其中的典型。Lee & Lim（2001）并没有对逐步的技术追赶进行研究，而是重点探究了跨越式技术追赶的发展路径，将高科技市场的技术追赶和行业竞争较为激烈的技术追赶作为研究样本，其研究发现跨越式技术追赶主要有三种追赶模式。第一种就是以高科技企业作为追赶目标，后发企业的追赶要与当地政府的发展相一致，缩短企业研发产品的时间；第二种，是以技术跳跃型为主，即表明后发企业要参照领头企业的技术发展方向，但是可以减少工业化的时间；第三种为创新技术追赶，这表明企业在模仿先头企业一段时间之后，就开始研发自己的创新发展路径。总而言之，Lee 和 Lim 认为企业的技术体系会影响企业的研发行为，外部的创新资源和技术水准也会对其产生影响，而最终影响企业的技术追赶方式。由于科技创新的影响因素较多而且企业的创新战略也具有相对性，所以对于技术追赶效率的衡量指标并没有一致的标准，借鉴先前的研究，现有的国内外研究主要强调技术追赶的效率和基础创新，所以技术追赶的效果主要在全球市场中体现。

第三章 研究理论基础

3.1 资源基础论

强调创新的重要性，系统研究企业创新路径问题，首先必须明确创新在企业特殊的战略地位，创新在企业的战略地位可以依据“资源基础论”进行深入分析。

3.1.1 资源基础论的兴起

Penrose 于 1959 年在《企业成长论》中首次论述了“资源基础论”，接着 20 世纪 80 年代在战略管理领域该理论逐渐发展起来。“资源基础论”的正式提出是在 1984 年，Wernerfelt 在《企业的资源基础观》中写道：企业获得竞争优势的关键在于企业内部资源，这决定了企业在市场上的竞争位置。此外，企业内部资源对企业竞争战略的深度和广度均有着决定性的影响，因为战略的实施依赖企业的战略资产，而战略资产是由企业内部积累而成的，无法在市场中交易（Dierichx 和 Cool，1989）。企业在恰当的时间和路径选择资源流量而逐渐累积形成的战略资产存量是无法被模仿和替代的，因为试图仿制的企业面临着时间压缩非经济性（time compression diseconomies）、资产积聚效率（asset mass efficiencies）、资产存量交互关联性（interconnectedness of asset stocks）、资产的腐蚀性（asset erosion）以及原因模糊等因素的阻拦。因此，企业拥有的战略资产有利于企业持续获得竞争优势。

基于以上研究，Barney（1991）建立了资源基础论的基本分析框架：假设企业资源具有异质性并且异质资源不可流动，企业维持其竞争优势需要有稀缺性、价值型、不完全可替代性和不完全可模仿性四个特征。进一步地，Peteraf（1993）在《竞争优势的里程碑：一个资源基础理论的观点》中提出，可以在竞争战略的视角下，通过经济学的方法来分析和研究资源基础论。他认为，企业的资源异质性（heterogeneity）为核心的竞争战略、不完全流动性（imperfect mobility）竞争战略、事前限制（ex ante limits to competition）竞争战略和事后限制竞争（ex post limits to competition）的战略这四个不同的竞争战略需要同步进行来维持其竞争优势。据此，采用“以资源异质性为核心的竞争战略”，企业可以同时获得李嘉图租金和垄断租金；通过实施“事后限制竞争的战略”，企业则可以维持和延续这些租金；而采用“不完全流动性竞争战略”，企业可以防止其他企业对本企业租金的侵蚀；采用“事前限制竞争战略”则可以使得企业的租金不会因成本过高而被侵蚀。与以上学者相反，还有一些学者认同“企业能力论”，即企业获得并维持竞争优势的关键在于企业的能力。例如，Prahalad 和 Hamel（1990）提出企业的核心能力决定了企业是否能获得市场中的竞争优势；Teece，Pisano 和 Shuen（1997）更看重企业的动态技能（dynamic capabilities），因为企业需要有动态获取、整合和重构外部资源的能力来应对不断变化的外部环境，这种动态技能帮助企业创新并形成符合市场需要的能力与资源，从而在动态外部环境下持续获得竞争优势。Grant（1995、1996）、Spender（1996）提出了知识基础论，他们认为知识决定性影响企业获得与维持竞争优势，知识有效地创造、使用和转移可以产生价值，这也是企业最主要的工作之一。可以使用不同的知识来解决不同的问题。通过整合个体企业（如员工、集团、部门等）的知识来获取新知识，以解决新企业在经营中遇到的新问题，并通过扩散提高企业成员的能力，以获得竞争优势。企业战略的重点在于设计适当的组织结构、善用权授、沟通或是决策的各种机制，将存于个人中的特有知识加以整合成为组织能力。但是，在资源基础理论学者看来，这几种理论都是资源基础论的一种延伸和发展，无论是企业能力论强调了企业能力，还是知识基础论强调的企业知识，都是资源基础论所强调的特异资源。

除了上述诸多学者的经典论述外，其他一些学者，如 Selznick（1957）、Hofer 和 Schendel（1978）等的论述也推动了资源基础理论的发展，丰富了资源基础论的内容。

3.1.2 资源基础论的基本思想

3.1.2.1 对企业性质的认识

“资源基础论”包含源于资源异质性的企业异质性和资源的难以流动性。一方面，企业作为一个资源集合，不同企业拥有的资源不同从而企业也不同。另一方面，不同资源很难在不同企业间转移，尤其是企业内的无形资源（Dierichx & Cool，1989）。原因在于，企业内部资源间紧密相连，紧密性意味着资源的形成和使用都需要资源间的互相作用（Dierichx & Cool，1989），只有内部的互相结合才可以发挥更大的功效（Teece，

1986）。即便企业内部一些资源可以流动到其他企业，但是这些资源具有很高的专用性，在本企业才能有最大的效用，转移后的价值会受到很大的影响（Williamson，1985；Peteraf，1993）。

3.1.2.2 基本分析框架

Barney（1991）基于以上两点对企业性质的理解，提出企业必须具备以下四个特征才能帮助企业保持竞争优势。

第一个是有价值性。这意味着，企业的资源与能力可以提高企业战略的效率和效果，减少企业成本，提高企业绩效。虽然使企业有竞争优势的有价值的资源与能力是稀缺的、不完全可替代的也不完全可模仿的，但是如果企业拥有的那个资源与能力并不能有效应对外界环境中的危机和挑战，那该资源与能力也无法帮助企业保持竞争优势。企业内部资源能力通过“有价值性”连接外界环境的机会与危机（Barney，1991）。

第二个是稀缺性。在有价值的基础上，稀缺的企业资源与能力才能给企业带来更多的优势与利润。所以，只要企业有能力获得和控制稀缺资源，该资源短期内就难以被其他企业获取，从而该企业具有了竞争优势。因为没有稀缺性的普通资源是所有企业都可以相对轻松地获取的，没有准入门槛导致企业即便获得了这些资源也无法和其他企业区别开来具有更多的竞争优势，可能最多暂时获得一些超额利润（Barney，1991，1995）。显然，稀缺又具有价值的资源，才能帮助企业在竞争中有更多优势，而这样的资源企业只能内部形成，无法在市场上交易获得（Dierichx & Cool，1989）。然而，不稀缺但有价值的资源与能力也同样重要，它们是企业运营的必要条件，是公平的产业竞争环境的基石，帮助企业在产业中生存（Barney，1989，1991）。尽管平等竞争条件下企业间没有超额利润和竞争优势，但这些普通资源提高了企业的生存能力（Mckelvey，1980；Porter，1980）。虽然很难衡量资源和能力稀缺到什么程度才能产生竞争优势，但是可以认为，完全独占某些有价值的资源和能力的企业一定能有竞争优势，少量的几个企业拥有也有可能在行业中形成竞争优势。具体来说，当行业内拥有稀缺资源的企业数量比完全竞争市场下企业数量少时，拥有稀缺资源的企业就有可能在行业中具有优势地位（Hirshleifer，1980；Barney，1991）。

第三个是不完全可模仿性。在稀缺并且有价值资源的基础上，企业具有了竞争优势，如果该资源和能力是可以完全模仿的，其他企业可以复制并拥有，那企业就失去了原本的稀缺性，竞争优势也不再存在。不完全可模仿性可能在于：特殊的历史条件，这使得企业能够形成并积累了某些稀缺的资源，当不再处于那个历史节点时，其他企业模仿在时间上就比较不经济（Dierickx & Cool，1989）；暂时的模糊性，这使得该企业资源和竞争优势间的联系无法完全被识别（Barney，1991）。由于稀缺资源较难被清晰地描述和分析，因此常常通过默示的方式展现（Nelson & Winter，1982；Winter，1988）。正是因为竞争优势的原因不清晰，其他企业不清楚模仿的对象，难以复制该资源（Peteraf，1993；Collis & Montgomery，1995）；社会复杂性，这是因为一些资源是由例如企业内管理人员的人际关系，即人力资本、企业文化、企业声誉等企业系统管理和复杂的社会现象所形成的。

第四个是不完全可替代性。这是指，该企业资源不能被其他资源完全取代，即没有其他的不稀缺、可以复制、又可以和该资源等价的资源。假如某稀缺，有价值并且不完全可模仿的资源存在某些可以替代并为企业带来竞争优势的其他资源和能力，这些资源不管是否有价值、稀缺或者不完全可模仿，都将导致企业由于该资源产生的竞争优势和超额利润无法维持，企业的竞争对手通过替代性资源可以进行类似的竞争战略。虽然企业的竞争对手无法正确复制它竞争优势的来源，但是通过采用相近的资源来代替这个资源可以进一步执行相似的战略。比如，就高管团队为例，虽然企业没有能力完全模仿那些有竞争优势的企业的高管团队，然而一样可以建立属于自己的独特的高管团队。尽管两个团队并非相同，在企业里发挥的作用、战略上的意义是可以类比的。不仅如此，相差很大的资源也可以从战略的视角上互相替代（Barney，1991）。企业资源的不可替代性和不完全可模仿性相同，都是从程度上进行比较，而不是绝对可以完全替代的资源。

因此，“资源基础论”认为企业内的那些难以取代、难以模仿、有价值并且稀缺的特殊资源是企业维持其竞争优势的本质原因。Barney 在 1991 年为这些特殊的资源下定义为“战略资产”，即能在市场竞争中给企业带来优势，并且同时具备有价值、难以模仿、难以完全替代、稀缺这四个特征的资源（Barney，1991；Amit & Schoemaker，1993；Michalisin，Smith & Kline，1997）。他还提出，当企业处于动态变化的市场中时，需要通过柔性的政策和创新来维系企业在竞争中的地位。这是因为，企业靠创新来利用其资源，给企业带来竞争优势，并且持续稳固自己的优势。创新的进行会用掉资源，所以资源的缺乏会抑制创新的形成，并进一步阻拦战略的推行。通过将关注度放在企业内的资源和能力这两个成因，即从资源观着眼，可以更加深入地研究企业如何获得并且维持其竞争中的优势。不仅如此，在实际情况中探讨时，资源观的应用也可以有利于企业厘清已有资源并实施战略规划，同时也在理论上验证了组织柔性程度对企业创新影响的差异。所以，本书将资源基础观理论作为概念模型框架研究的理论基础。

3.2 权变理论

权变理论是根据经验主义学派，在20世纪60年代末和20世纪70年代初演变的一种管理理论。它是一种基于对西方组织管理中的实际情况和对策的应变思想的管理理论。权变理论的产生和发展反映了一定时代背景下实践管理活动的需求。自20世纪70年代以来，在美国权变理论迅速发展并受到大范围关注。原因在于20世纪70年代美国出现了前所未有的社会动乱、政治动荡和经济波动。西方社会极大地受到了石油危机波及，企业的外在环境不稳定性也很高。但是，过去的管理理论（例如科学管理理论和行为科学理论）大部分集中于对企业内部组织的强化管理，并且先前的管理理论大多迎合最合理与最合适的原则和方法，这些管理理论无力应对无时无刻不在变化的外部环境。因此，人们不得不根据突然发生的问题临时处理，而不是一味地相信等待管理者是最好的解决方法。逐渐地，权变理论在这种由环境决定如何管理的条件下形成。这种理论相信，在组织管理中，没有什么是根据组织环境和内部条件的发展变化而变化的最佳管理理论和方法。权变关系，即管理变量和环境变量之间的函数关系是权变管理理论的核心内容。它的基础理论假设是，组织可以对周围环境做出反应，做出一定的预测，并相对应地改变其目的，来最大限度地达到市场和其他外界环境特征的需求（Miles & snow，1978）。

Kast 和 Rosenzwig 是权变理论的代表人物，他们讨论了权变理论的分析方法：相关组织及其管理的权变观点相信，组织是一个系统，由多个子系统构建，通过可发现的边界与环境系统不同。权变观点是分析组织和它外部环境间的关系，每个子系统与每个子系统之间的关系，并确定关系模式，即每个变量的形式。组织里的诸多变量是权变理论的重点，并且权变理论尽力研究组织在不断改变的情况下和特定环境中的运作。其终极目标是针对特定情况提出最合适的组织设计和管理措施。

战略管理实证研究中采用权变理论的基本思想是，出色的组织绩效是内生和外生变量协调结合的成果，即组织资源和能力与环境等因素相互间的匹配，这种因素始终存在，并且也一直是企业实践领域与战略管理理论研究值得重视的课题。Burns 和 Stalker 在 1961 年提出，当环境变化的情况很常见时，开放而灵活的企业组织和管理类型在不同产业的企业中都是有需求的。这是因为，更灵活的有机组织方式可以更好地适应不断变化的外界环境，而相对机械不变的组织或高度集中的官僚组织更适合在相对稳定的外界环境。在《组织与环境》中，Lawrence 和 Lorsch（1967）探讨了组织构成与外部环境之间的关系。一方面，不确定的环境要求组织有更高程度的分化和整合。相反，当环境不确定性较低时，组织的分化和整合程度也相对不高。但是，当组织的分化与整合程度和外界环境的不确定性程度刚好相符合时，更有利于组织的顺利运行。Drazin 和 Vandoven（1985）在权变理论中讨论了匹配核心概念的发展历程，并区分了三种匹配方法：选择、交互和系统方法。选择是基于外界环境与组织架构间的一致性，并且不考虑它们对绩效的影响；交互则看重环境与组织结构元素之间的交互及其对组织绩效的影响；系统的方法从多维的角度检查了环境和组织结构要素的特征及其对组织绩效的影响。

上述研究都属于静态分析，静态理论中的适应性意味着企业对环境因素或环境需要的反应，而且依赖于相应的管理行为。但是，Child（1972）主张组织并不总是环境的被动吸收者，它也能主动重塑环境。Hrebhiniak 和 Joyce（1985）坚信组织适应性是一种受到内部管理和外部环境激励的动态过程。权变理论的动态观点更注重管理者了解、创造与经营管理组织外界环境的能力，包括组织与外界环境的相互磨合。Volberda（2005）根据动态权变理论，认为柔性并不会导致企业资源的次优化使用，更确切地说，当环境是动态的并且稳定性逐渐变低时，柔性有利于帮助企业绩效更加稳固，从而加强企业生存的能力。在动态权变理论假设的基础上，大量的研究进一步强调了对组织特征加以分类的工作和它们在处理不同的环境条件方面的成功。如Khandwalla（1971）发现，在任何的单个结构变量和绩效之间并不存在单独的有效关系，但在成套的结构变量中却存在大量的有效关系。

权变理论用来指导环境与组织的关系，有助于阐明环境在组织柔性中的关键作用。作为较早探索企业与环境关系的理论，其“没有最佳，一切视环境而变”的核心思想也已经渗透到组织理论的不同领域中去。权变理论的一个重要贡献就在于让人们看到了组织采用各种策略和方式来改变自己、选择环境和适应环境。也正是基于此，本书把权变理论作为概念框架构建的基本指导思想之一。

第四章　国外企业创新路径的经验介绍

对于企业创新路径的选择，不仅受科技发展趋势的影响，而且其国情和国家相关发展战略的选择也会对其产生影响。正是因为选择了不同的创新路径和历史形态，企业的创新能力和发展绩效在很大程度上被其影响甚至决定着。所以，本章基于创新理论的相关研究，选取了历史中一些有代表性的国家和企业作为本书的研究对象，对中国以外的国家和企业的创新路径进行系统的研究。这对于其他企业的创新路径具有一定的借鉴价值。

4.1　美国企业的创新路径

美国作为发达的资本主义国家之一，在独立战争后的一个世纪内，完成了对其他优于自身的帝国主义国家的追逐，逐步成为世界科学技术的理论创新中心，在高科技产业、研发以及全球化等领域制定了引领世界的制度。总体而言，美国国家是以原始创新为导向和以核心的创新路径作为创新模式的导向，其核心目标在于：高度重视对民众的教育水平的提升，努力提高人口素质及知识培养；重视相关法律和政策的制定，形成保护主体知识产出和促进创新的激励机制；以企业为主体，将市场机制与国家作用相结合，形成企业、市场和国家的三螺旋创新主体结构。除此之外，美国公司在提高人均国民生产总值，提高国民就业率以及提升产业的现代化等领域发挥着非常重要的作用。在美国公司的组织结构中，大约有95%都是中小企业，美国的中小企业为美国国家的创新做出了卓越的贡献。美国公司从成立初期就开始进行创新活动，其创新路径的实现得益于教育的发展与国家制度的保障，以及与大学和科研机构的共同合作。

4.1.1 教育的发展与人力资本保障

进入20世纪以来，人类在经济技术发展中，发展中国家先后有过三次赶超发达国家的经历。第一次是以英国为首的工业革命和资产阶级革命，英国采用了先进的技术和制度，使英国的技术和制度远远领先于其他资本主义国家。然而，随着技术的不断深入和制度的不断完善，其工业化发展进入瓶颈期，但英国并没有从战略的角度对教育和基础研究进行重视。因此，英国的基础研究和教育接连被德国追赶和超越，其后，美国也完成对其超越，英国慢慢失去了其在世界上的领先地位。

一个国家的科学技术水平与其教育水平是成正比的。当英国的科技实力和生产能力高于其他国家时，英国民众的教育年限水平也会显著高于其他国家。从19世纪末开始，美国经过40多年的经济发展，逐渐超过了英国，并开始在世界上处于领先地位。在这40多年的发展过程中，其赶超的不仅仅是经济和科学技术，同时英国的教育水平和人力资源也被美国所赶超。如今，与其他国家相比，美国的高等教育普及率相对更高，美国在高等教育领域已经基本上实现全国普及，由此，美国也成为世界上第一个进入高等教育全面普及的国家，这也为美国公司的科技发展提供了足够的人力资本。

4.1.2　法律政策与资金保障

美国公司在科技发展与创新过程中，一方面，会受到社会的普遍支持，特别是国家法律和政策的帮助，为其创新活动提供了持续、制度化的有力保障。早在二战前，美国政府就发现，强劲的法律保障和政策刺激对于促进美国科学技术的发展具有重要作用。二战结束以来，得益于国家法律和制度的保障，科技得以不断发展，随后，美国政府进一步将国家发展战略从注重科技发展转向促进创新，政策和法律提高了各部门之间创新活动的有效协调与合作。此后，美国政府陆续颁布的各项政策和法案旨在使创新部门之间的知识流动更加顺畅，从而形成更加完善及有利于改进创新活动的市场机制，包括加强对高新技术产业的开发和对高科技的推广和投资。

例如，在 1980 年美国政府颁布和实施的《大学和中小企业程序法》，此项措施意图为政府和其他公共部门常与民营企业建立交流与合作，以此提升美国公司的核心竞争力，另一个措施为 1984 年颁布的《合作研究法》，目的在于加强各研发企业之间的交流与合作。减少了企业之间因为联合合作而违反反垄断法的行为，促进和规范了企业之间的创新交流活动，使得企业间的创新合作摆脱了反垄断法的约束。此外，美国还在 20 世纪 80 年代末启动了一项关键技术先进项目计划和一项促进美国中小企业制造业发展的伙伴关系计划，以促进科学技术的发展。此外，从 20 世纪 80 年代开始，知识经济得以兴起，大多数国家的创新体系都难以得到建立，创新不仅仅依赖于企业，更需要高校、政府和研发机构之间相互合作与协调配合。针对不同情况的出现，美国政府开始制定并颁布了新的知识创新战略，使美国公司一直保持在全球高科技创新领域的领军地位。

另一方面，尽管美国公司的研发资金并不主要来源于政府机构，但美国政府在创新领域的投入也是仅次于公司的第二大研发资金来源。美国对于创新的投入主要通过政府的创新投资，这种投资通常是政府和大学的研发部门，政府和企业的研究机构以及政府和其他研发部门合作，签订研发合同或进行创新补贴等。这样可以有效降低政府雇用大量科技人员的情况出现，更好地体现分工合作的观念，可以有效地提高高校和企业研发部门的创新水平和主动性，指导高校和企业的研发机构，让创新成果在社会中得以应用，促进知识创造和创新能力的有效提升。美国政府不仅仅积极地投入研发资金，还直接参加了企业的大量研发活动。 美国政府主导的研发工作主要是由联邦政府领导下的行政部门来开展研究创新活动的进行。联邦政府有如下的行政部门尤为重要，如国防部和卫生部，这些部门已经建立了国家实验室和其他研究机构，以完成其职能结构。美国国家实验室也是美国主要研发机构之一，美国大约有 800 个国家实验室，美国政府每年研发支出几乎三分之一都投入到了国家实验室。从表面上看，企业的研发任务与国家实验室的研发没有直接的联系，然而，这些国家实验室的存在为企业研发提供了良好的外部环境，有效地补充了高校和企业的盲点和不足。不足和盲点是社会所必需或迫切需要的，有力地支持了政府对研发的规范，有效地促进了科技进步和社会发展，如卫生部国家实验室负责开展突发流行病疫苗的研发就是一个典型案例。同时，美国政府高度强调国家实验室科研成果实行社会产业化的方式，出台了一系列促进国家实验室科研成果向产业化转化的法案，为实现国家实验室科研成果向产业化转化以及进一步保障了美国公司的创新路径。

4.1.3 企业自身的创新路径选择

从创新路径的角度来看，美国企业对于基础研究和长期发展尤为重视，重视创新的独立性和完整性，是一种原创型的发展模式。由于美国企业在基础研究领域具有领先的优势，在此基础上进行研发和创新管理，可以不断地创造新产品和发明新技术，完善相关产品开发，从而引领国际潮流和制高点。其创新过程主要分为三个阶段。一是企业家创新的原始企业形式阶段。企业家的创新阶段主要是从第二次技术革命到1970年中期。例如，爱迪生（Edison）发明的电灯和莫尔斯（Morse）发明的电报机，这些早期企业家的个人发明创造也为美国人民的生活带来了极大的便利，也为企业家带来了大量的经济利益。受到利益驱使的企业家开始注册成立新公司，并将其发明投入生产，为公司带来了丰厚的利润。然后，将部分利润投入到产品质量的提升研究和开发中，并且将许多具有商业价值的技术投入生产。这种进程就是美国企业创新特别是科技创新的初期体现。二是企业研发机构的创新阶段。从20世纪70年代末直到20世纪90年代，面对一些新兴起的创新国家的挑战，如日本和欧洲，美国企业的产品似乎在市场上的领先地位开始逐渐丧失，美国公司开始反思自身存在的问题。通过思考发现，其产品在国际市场上销售额的下降主要是由于公司技术能力的下降。因此，美国企业开始加大对自身研究机构的投资，加快对企业研发实验室技术升级，完善企业的科研中心建设。例如，贝尔实验室和通用汽车实验室就是在这一时期产生的。随着时间的推移，美国公司的技术能力又得到了逐步提高，在与其他国家的竞争中又慢慢上升到了前三名的水平。三是企业间技术合作的创新阶段。在20世纪90年代中期，以信息技术、通信和网络技术为标志的第三次技术革命快速发展，从此标志着知识经济时代的到来。在互联网的影响下，知识型科技外包具有明显的外溢性和及时性等特点。为了能够与知识经济时代的发展特点相配合，美国企业开始调整自身的技术发展战略，以满足互联网的发展需求。同时，美国公司也慢慢发现到信息时代的科技有明显的溢出效应，企业之间的科学技术合作是非常重要的。通过交流，企业间可以优化、简约和合并企业的创新资本，在这个时代背景下，企业科技创新联盟形成了。企业技术联盟的创新核心宗旨是利用互联网实现联盟内企业之间资源共享，节约研发费用，提升创新要素重组，减少重复创新，从而大大降低企业创新时间。

总体而言，由于美国企业的强大创新能力，造成美国拥有世界上最强的经济实力。从美国企业的发展进程中我们可以发现，美国企业从一开始就生活在创新的环境当中，拓荒文化与美国精神的结合熏染了美国公司强大的创新发展意识，而基础教育的深入发展与保障制度的有效发挥也让美国公司在创新发展方面更少地受到创新人才不足以及国家相关法律和政策的限制困扰，这也就使得美国企业的创新人才可以完全没有顾虑地将自身创新能力作为未来生存与持续发展的根本能力保障。

大约95%的美国创新型公司都是中小企业。美国公司的创新发展表明，中小企业是科技创新的中坚力量。美国公司的内部创新管理制度相对健全，具有成熟的公司创新意识。美国公司的科学技术能力在世界上的创新型公司中具有极高的地位。他们拥有优秀的创新人员，最高科技的科研实验室，庞大的研发资金。这些资源保证了美国创新型公司在世界上的极高地位，正是凭借这些公司优秀的创新研发能力，美国才有可能以其经济实力来引领世界。进入知识经济以后，高校和研究部门作为新知识和新技术的重要发源地，其在创新过程中发挥着重要的作用，并逐渐占据核心地位。政府、公司、高校三大产业相互配合，在创新过程中的各个时期形成了相应的组织结构和相互关联，形成了“政府—高校和研究机构—产业”的创新模式。在三螺旋创新模型中，政府、高校、研究机构和产业这三个组织职能中的每一个都显示出其他两个职能机构的某些功能，而每个职能也保留了其原有的作用和不同的特征。由于彼此之间相互作用和相互支持，三线性螺旋体模型中的每个螺旋将具有更强大的功能来进一步协调和支持其他螺旋的创新发展，从而促进创新的可持续发展。

4.2 日本企业的创新路径

在第二次世界大战之后，日本通过快速提高经济增长，成功地改变了其产业结构，在 20 世纪成功成为全球第二大经济国家，日本取得如此多的进步有很多原因，而最重要的莫过于技术进步和创新因素。自从二战以后，日本经济的快速增长主要是由技术进步和创新发展驱动的。

总体上看，日本公司的创新路径建设的主要特征是一方面主动引进、消化和吸收国外优秀的科学技术，并在此范围内全身心推动国内公司的科学技术和创新水平，从而快速改善日本的制造业发展能力。同时，实现了产品的高品质发展、减少成本，不断地开发出新的优秀产品，这种科学技术的进步和创新与经济发展高度相关、相互提高，经济的增长又反过来促使科技进步和创新。由此，日本公司的成功很大原因上是依赖于创新路径建设的这种良好流转。在历史上，日本也经过了一个长期的培育儒家思想的进程。作为发展中国家，中国公司在发展进程中更容易遇到日本公司遇到的类似问题。日本公司的创新路径对中国具有极高的参考价值。

4.2.1 模仿创新阶段

自第二次世界大战结束以来，日本公司已全面引进和改进了西方的先进科学技术，以技术模仿、整合和改进作为首要的创新途径。从历史上看，日本深受儒家思想的影响，它注重上下级的组织结构观念，缺乏自主科技创新的概念和思想，在大多数情况下，日本只能学习、仿照和深入研发产品，即渐进式创新，但没有像美国这样的破坏性创新思想。因此，其模仿创新是基于国外先进技术发展而来的。尽管很容易受到技术壁垒和其他原因的限制，即会有被动的适应性，但是在当时的制度环境和经济背景下，无疑是最佳的选择模仿创新的方法。首先，日本公司采取简单仿照的创新发展方式，主要侧重于技术的应用，以达到日本经济快速发展的目标。一方面主动引进，消化和吸收国外的领先科学技术，另一方面基于国外技术注重推动国内科技的发展和创新，以期快速提高日本制造业的创新能力，实现高品质的产品，并降低产品的生产成本，提高产品的核心竞争能力，并不断地开发新产品；这种科学技术的进步和创新与经济发展高度相关、相互提高，经济的增长又反过来促使科技进步和创新。

从 20 世纪 50 年代至 80 年代，日本在科技创新路径的判断中以采取引进—仿照—吸收的科技创新路径为基础。仿照创新着重在于科技的引进，从 1950 年到 1980 年，日本开始了各方面和全方位的技术引进，大量地引进技术专利，以至于大量地引进生产技术流程，技术引进的范围和项目数量都超过世界上其他国家。日本公司通过仿照，迅速把自己的科技水平提升到与被仿照国家和引进企业相同的水准，但日本的科技创新却在此基础上更进了一步，采取了持续提升的“反刍”式创新。

也就是说，公司首先应在生产线中将重要技术和重要生产要素扎根其中，然后依据市场定位反复分析这些重要技术和重要生产要素，根据市场需求进行重组或创新，并通过连续地记录市场信息，在这种重复消化吸收的进程中，最终完善生产线的路径，直到产品真正适合市场需求。尽管日本许多的专利技术是从西方国家引进的，但通过“反刍”式创新的不断提高，日本公司制作的产品在品质上已经超过了西方国家。这种科技创新模式非常重要的特征之一是，在科技创新过程中，直接引进国外领先技术进行消化，并与自主发展相结合，促进了经济的快速发展。这个过程直接超出了基础科学研究的范围，最终通过快速的经济积累转向了基础科学研究。

日本公司十分注重工厂生产线，把工厂生产线作为一流的创新发展实验室。许多学者把日本公司的这种创新发展模式称作“干中学”创新。这种创新模式并不是将整个生产线全部引进，而是利用公司的研发能力对其进行引进，同时根据国内外的市场需求进行引进和改变，甚至会对整个生产线的技术结构进行重大改变。生产的产品似乎是仿照产品，实则是自身研发产品。“日本制造”风靡美国甚至全球市场。在战后追赶和超越之后，日本成为全球第二大经济强国，在创新技术上也实现了对西方国家的超越。

4.2.2 模仿创新向合作创新转化阶段

1970 年以来，以制造业为核心的日本公司开始在新的领域开展业务。在当时仿照科技创新路径已经不适应全球的需求的背景下，它选择合作科技创新的路径来适应市场的竞争。在此阶段，日本公司与其他外部企业之间的交流与合作的内容逐步扩大，合作研发的领域不再仅仅局限于应用技术，而逐渐开始关注基础理论。日本公司充分选取内外部资源，积极参与科技创新的分工，形成了“合作创新→新产品（新性能）或高生产率→高利润→合作创新”的循环。

在 20 世纪 80 年代初，日本政府在推动产学研合作体系的指导下，日本公司也逐步产生了“高校—产业—政府”合作发展的三螺旋创新方式，这种创新方法首先由政府主导。经过许多年的发展，已经逐渐发展成以企业、政府、科研机构为主导的多元化发展道路。此外，基于高度专业化和深度分工的集群创新路径也对日本公司创新水平的提升起到了推动作用，具备产业和技术联系的公司通过合作分工，整合内外部创新要素，获得创新。基于规模经济和技术溢出效应，日本政府引导地理位置相近的企业进行空间集聚，形成区域创新群体。这些创新集群大大地促进了日本高新技术产业的蓬勃发展以及创新集群的技术转移，技术扩散和技术溢出效应也推动了其有关产业提升技术水平，提高了日本的整体科技水平，加快了日本成为创新型国家的进程。

4.2.3　合作创新阶段

随着日本公司的资产累积和日本科学技术的进步，公司在科技创新中的身份也出现了巨大的改变。虽然日本公司对基础研究并不擅长，但对于高端工业化生产、成果明显的高科技理论研究尤其重视。传统上，由于日本公司缺乏如美国大学与企业的紧密合作关系，自 2000 年以来，日本公司逐渐向相关高校甚至国外的一些著名大学提供资金，以避免自主创新中出现的知识产权壁垒。借鉴美国的经验，日本公司也逐步产生了“高校—产业—政府”合作发展的三螺旋创新方式，形成了企业、政府、研发机构多元主导的创新路径。

另一方面，基础研究在高校中的位置也逐步得到提高。日本政府发起的基础研究，尤其是基础科学研究，一开始并没有得到许多大公司的反响，这表明日本公司更有功利性的特征，这与积极从事基础研究的美国大公司存在很大的不同。在日本 20 世纪 90 年代推行的自主创新政策中，大学作为国家机构担负了重大的研究任务。这不仅仅体现在了科研经费和科研项目的快速增长中，更体现在政府优先制定了《高校技术政策措施转移促进法》等措施，积极推动高校基础研究成果向工业企业转变。

此外，以市场需求为导向的科技创新已无法为日本中小企业的发展提供需要。在21世纪初，日本提出建立知识产权国家的战略后，它开始慢慢重视基础理论部分，而不是专注于应用技术领域的发展。其意义是在日本知识创新的推动下逐步形成了丰富的研究体系和科技创新。同时，由于日本公司具有优良的产业集群基础，产业集群的创新优势开始逐步显现。集群创新不但具有原有的企业创新技术的灵活性、适应性和独立性，而且使其拥有许多可以引用的创新要素，极大地提高了技术研发的效能。

4.3　韩国企业的创新路径

韩国的科技发展和创新活动也是在空白的基础上发展起来的，但是如今看来，它不仅拥有大量的世界著名的公司和品牌价值，而且在电子产品方面也具备了世界领先水平。由此说明，韩国公司的创新路径选择也的确具有其独特的特点，值得我们借鉴。

20世纪60年代后，韩国的经济和科技创新开始迅速发展，其最重要的是依赖于政府的正确指导。韩国的经济发展也完全表现出，在科技发展落后的环境下，国家无疑发挥着至关重要的作用。至此，不管是日本还是韩国，从其追赶发达国家的进程就可以清楚地看到国家限制主义概念的影响。当然，韩国和日本作为一个追逐的国家，其科学技术的发展道路既相似又有不同。相似之处在于，它们都是在政府的指导下经历了技术引进和技术改进的过程。所不同的是，日本的工业基础和创新人员水平都远高于韩国。总体而言，韩国公司的科技创新发展基本上经历了两个阶段。

第一阶段是在1960—1980年，在这个阶段，韩国公司的创新路径依靠政府吸引外商投资引进的科学技术。在这个阶段科技的成功引进和积淀，表明了落后国家在初期赶超发达国家时，科技政策和方法对于赶超国家和企业的科技发展尤为重要。韩国于1960年发布了《技术引进促进法》，要求韩国应引进国外的科学技术，1962年，经济规划院建立了技术管理局，负责韩国科技引进和发展的规划和管理工作。这种机构仅仅在苏联等这样实行严格国家控制的国家才会成立。

在1962年，《外国投资引进法》由韩国政府发布和执行。其最重要目的是全力开发和提倡进口替换型经济，以更加有效率的方法解决朝鲜战争后全国资源供应短缺的问题。伴随着进口替换型经济的持续开展，韩国经济慢慢开始转向出口导向型，这又加速刺激和推进了韩国政府对领先科技的引进。同时，美国许多的援助资源也快速地支持和推进了韩国政府对领先科技的引进。美国的财政援助直接支持了韩国企业的建立和发展，在美国的援助和韩国政府的引进下，韩国企业在创新领域取得了很大的进展，其发展也极大地提升了韩国国民经济的发展。

但是，由于韩国政府引进的技术主要聚集于轻工业领域，在20世纪70年代，韩国政府认识到，引入外国技术很容易对外国技术产生依靠，并形成不可持续的经济和技术发展危机。只有进行自主创新和立足基础研究，才能从源头上脱离对外国技术的依靠。因此，为了刺激国内企业的技术发展与创新，韩国政府于1973年颁布了《培养专门研究机构的法》和《促进技术发展的法》，并于1977年设立了韩国科学基金会。支持本国企业的基础研究。

第二阶段是从20世纪80年代以后的科学技术引进到科技创新和研发的转变过程。但是，在这一阶段的问题还表明，在引入科学技术之后，已经形成了全部的科技体系和完整的产业结构，国家的过度干涉往往缺少灵活性会更有可能扼杀创新的来源。因此，现阶段应以自由市场为主要因素，及时转变政府的战略和政策，促进经济体制的运行。在此期间，韩国公司的创新路径开始从技术引进转向科技创新和研发。在此期间，韩国公司的研发费用开始有了巨大的增长。

在测度某一国家的科技研发水平时，企业的研发投入也是一个值得关注的指标。一般来说，科技发达国家的企业和政府对科技研发的投入比例接近黄金分割比例，即企业对研发的投入经费约占全国研发经费总额的61.8%。从目前韩国的状况来看，通过前一时期的发展，韩国公司在技术研究领域的投入已经远远超过了政府的投入。在1988年，韩国私营公司的研发资金约占国家研究资金的74%，而政府只投入了26%。这表明韩国企业开始认识到加大创新的投入的重要性。

自20世纪90年代以来，韩国公司开始从吸引国外技术转向为开创自主创新的道路。经过多年的吸引国外技术和消化这些技术，韩国经济取得了长足的进步。随着韩国经济的快速发展，发展的边际成本也开始逐年增长。工人工资成本的不断增加使依赖廉价劳动力的出口企业遭受了沉重打击，因此，有必要进行产业升级，通过科学技术的进步，发展高产出值的行业。而随着逐渐重视对科研和基础研究等方面的发展，发达国家开始了对自身技术的保护，国际市场越来越重视对知识产权等方面的保护，科技壁垒也越来越高，这阻止了韩国的高科技产业快速发展。因此，韩国政府制定了科技战略，大力发展产学研合作与交流，并在自身的科学技术基础上加强和促进了自主创新意识。韩国企业在创新上一方面受到来自政府政策的支持，另一方面前期的教育发展也为企业创新提供了人才储备支持，而科研机构与企业的联合又为企业创新提供了充分的先进成果，这样的“产—学—研”联动的创新路径成为韩国企业不断创新的主要推动力。

4.4 德国企业的创新路径

德国是一个典型的科技型国家，2013 年的欧盟创新能力排名中德国排名第一，德国公司一向以严谨而细致的工作态度闻名于世。作为欧共体内最大的经济国家，德国在医疗保健和科技创新领域都处于全球绝对领先地位，世界上最出名的汽车品牌梅赛德斯—奔驰、宝马和大众都成立于德国，德国也是全球第二大大宗商品出口国，第三大商品进口国，而且还在对外贸易方面位居世界前列，被称为“出口冠军”。

特别是 2008 年，在欧洲债务危机和金融危机的持续打击下，德国经济总体上维持稳定并稳步上升水平，这完全取决于德国制造业多年发展过程中沉淀的基础工业，在德国经济发展制度下一贯倡导的创新制度以及德国政府全力投入中小型企业的长期保障中，历届所有的德国政府和企业界一直将科技创新作为企业生存和发展的基础。与美国、日本和韩国相比，德国在企业创新领域与其既有相同之外又有不同的特点。在德国，大约有三分之二的研究人员在私营公司工作，这些人员都集中在大公司之中。据相关机构统计，在 20 世纪 70 年代，85%的企业科研人员集中在 2000 人以上的大公司，而 500 人以下的企业只占研发人员的 2.5%。德国企业鼓励员工积极参与科技创新的方式主要是基于物质奖励的激励方式，包括增长薪酬、奖励有突出表现的人、提升职称、公费旅游、提供技能培训等方式。德国科学研发的集约化进程比较高，尤其是对每年有相当可观科研开发经费的大公司。据统计，1995 年，赫斯特、西门子、巴斯夫、拜耳分别投入 75 亿马克、32 亿马克、34 亿马克和 19 亿马克用于科研开发支出，占当年总销售额的 8.9%、7.4%、6.9%和 4.4%，拜耳、赫斯特和巴斯夫 3 家公司的科技研发投入之和占德国化学工业科学研发投资的 2/3。

德国的大型企业一般都成立了研究部门和开发部门，这是企业科技研究管理的主要职能部门，承担具体的领导和沟通任务，科研任务一般由研发中心负责。一些大型企业只有一个研发中心，而有的则不止一个。研发中心通常分为研究部门和开发部门。研究部门主要从事长期研究和基础理论研究，而开发部门则从事已有产品的改良和新产品的生产。多年来，这些研发中心拥有齐全、高技术的科研设备，具有充足的资金、规模庞大的成果。

德国公司在充分利用自身优势和潜质之时，高度注重与国内外领先企业的交流，吸引其他企业的优秀科技研究成果，补偿自己存在的不足。德国公司还聘请国家研发部门和大学进行研究和开发。德国政府的弗劳恩霍夫学会、马克斯·普朗克学会和 13 个大型研究中心以及联邦各部和州政府下属的科学研究部门，都促进了企业的科技创新活动。尤其是中小企业将自己需要但无法承担的研发项目托付给专门的科学研究部门。中小企业为了提升科研水平，也走相互联盟、共同发展的道路，这也为德国企业的创新发展提供了更多的可能性。

根据上述的分析，美国企业在制度的保障下，结合经济和科技优势，制定了知识创新战略，形成了以市场机制的政府与工业大学协调的三线螺旋模型的基础创新模式。日韩企业依据自身情况选取科技仿照与自主创新相合并的创新路径。德国企业则采用了内部加大创新投入，外部寻找创新合作的创新路径。显然，不同的国情和发展战略决定了不同企业创新路径的依赖，也影响了一个国家的创新绩效和发展成果。

第五章　我国领先企业创新模式的探索性案例

由于不同企业的外部制度环境不同、企业性质也不同，这些差别都会在一定程度上影响企业的创新的方式、力度、动因。张赤东（2013）采用客体法，分别从企业创新动机、类型、新颖度等方面分析了创新型企业的创新特征和倾向，对400余家国家级创新型试点企业完成的突出科技创新项目进行了样本调查。样本企业的经济类型包含多种所有制形式：国有企业、集体企业、有限责任公司和股份有限公司，被调查企业包括制造业、软件业、计算机服务业、电信与信息传输服务业、科学研究与技术服务等行业在内的40余个国民经济行业大类。研究结果显示，作为一批领头企业，创新型企业已经呈现出市场需求驱动为主，以产品创新、开发新产品为第一目标，多数企业的创新新颖度达到国际市场新要求等的特征和倾向。同时还发现一些行业的企业对创新政策较不敏感，而其他一些却对创新政策较敏感等　现象。

本研究将以商业、工业、金融业这三类行业的企业作为研究重点，针对不同行业企业的创新现状及目前存在的问题，并从三个行业中分别选择一个具有一定代表性的企业，分析三家企业的创新现状及其选择的创新路径，并探索这些创新路径在其他企业推广的可行性。

5.1　不同企业的创新现状及存在的问题

5.1.1　工业企业的创新现状及存在的问题

在当前全球经济一体化的大背景下，科学技术更新发展的速度非常迅速，上至全球不同国家之间的竞争，下至行业内不同企业之间的竞争都越发依靠科技进步，如何促进企业创新成为政府宏观调控和企业自身决策的重中之重。科技创新能力在提高企业核心竞争力和推动企业不断发展方面发挥着重要作用。以工业为代表的企业，在推进我国经济持续发展和不断提高我国经济发展整体水平等方面发挥了重要的作用。在现阶段，与西方发达国家相比，我国工业企业的创新能力还较为落后。在这种条件下，我国未来经济如何健康可持续发展的全局性战略问题就是如何以科技创新促进我国工业企业的发展，全面提升我国工业企业的创新能力和核心竞争力。

在现阶段，在创新方面，我国的工业企业表现出以下方面的特征。

首先是以科技创新为主。作为工业企业创新活动的主要特征，更多的工业企业已经认识到科技创新在组织的实施和过程管理中发挥了必要的支撑和保障的作用。这主要体现在如下两方面：第一，科技创新可以提高工业企业的经济效益。现阶段，受到工艺设备落后、产品老化等因素的影响，这些企业经济效益低下，经营质量较差，除了转换工业企业经营机制之外，实现工业企业科技创新就是改善经营状况的根本途径。规模经济效益的实现、技术含量的提升、附加值的增加、产品结构的优化、生产效率的提升等生产要素重新组合后质量和效率的提高、生产成本的降低都依赖科技创新得以实现。第二，科技创新可以增强工业企业的核心竞争力。工业企业在市场竞争中所处的地位取决于工业企业核心竞争力的强弱，这种能力是工业企业最关键、最根本的能力。而这种核心竞争力的提高又要求工业企业拥有自己的核心技术，为了不断巩固提升核心技术，增强企业的核心竞争力，就要实现科技创新。总之，科技创新不仅仅是经济增长的核心源泉，更是工业企业生存和发展的不竭动力。

其次，企业的自主创新能力较弱，技术的依赖性强。20世纪末期，先通过引进国外先进的技术和设备，再对其进行适应我国经济发展的改造，从而达到在国内市场领先的目的，是中国企业的经典发展手段。然而这种模式会导致同行业的重复建设，国内产品大同小异。在此之后，现金流有一定富裕的企业将费用多用于扩大企业规模上，而忽视了项目研发。伴随着改革开放带来的我国市场开放，加之技术的扩散途径慢慢增多，如果企业忽视自主创新，没有自身的核心技术，最终陷入群体模仿的困境是必然的。一方面，一些企业由于自身实力不够雄厚，与国外企业相比技术研发能力较为落后；另一方面，一些产品创新的企业，其创新很少涉及真正的核心技术开发，大多是对引进的产品在功能、结构等方面进行改造，关键设备和核心技术都不能自主生产，特别是在某些高科技行业中，国外企业垄断了大部分核心技术的专利申请。出现这种问题的原因包括了多个方面，主要体现在企业的科技活动层次水平较低、机构不健全、研发投入不足、成果转化率低。

此外，我国对于知识产权的保护力度不够。拥有强大的竞争力的工业企业，其科技创新能力普遍较强。然而，单纯地拥有科技创新能力，缺少了知识产权的保护，缺少了支撑企业长期发展的保护，其竞争优势也很难发挥出来，企业也很难站稳市场。现如今，全球化水平不断提高和科技进步发展迅速带来了多种多样的信息传播的途径，一方面，这些因素都促进了企业的进步，而另一方面也带来了技术信息的泄露。在市场上，缺少知识产权的保护会导致山寨产品越来越多，对拥有专利技术和知识产权的企业带来了致命的损失。更重要的是，知识产权获取需要经历一个长期的阶段，有些工业企业的项目虽然有了一定的成果，然而这种成果的产业化的速度较慢，导致了工业企业的科技成果无法及时得到知识产权保护，有些工业企业则缺少规模化开发过程，最终不能实现企业的规模应用。企业精心研发的自主创新成果，因保护力度的不够，被其他企业轻易地盗用，反过来又极大地打击了企业对自主创新的信心。对于企业而言，尤其是高新技术产业的企业，如果缺少了自主知识产权，则只能在产业链中进行低附加值的低端生产加工工作。

5.1.2　商业企业的创新现状及存在的问题

商业在传统观念中被认为是劳动密集型行业，得益于计算机和网络技术在商业活动中的广泛应用，现代商业企业的组织化程度不断提高，规模不断扩大，与商业活动密切相关的技术含量在逐渐提高增强。结合商业发展的漫长历史可以发现，商业经营方式经历了许多次变革，而每一次变革都与科学技术的进步密切关联，例如，连锁经营的发展、超级市场的兴起、无店铺销售等新兴模式的出现等无一不依赖于科技的发展。众多商业企业采取了包括物流配送技术、图像图形技术、网络技术、商业自动化技术、条码技术、多媒体技术、自动监控技术、监测技术等新颖的现代信息技术，这些技术在减少经营管理费用，提高商业运营效率，改造传统的经营管理方式等方面发挥了重要的作用。

随着市场的开放，商业企业面临的市场竞争越来越激烈，市场越来越趋向全球化。商业企业要与国际接轨，先进的管理技术和方法是不可或缺的。商业企业的创新既有来自外部环境变化的需要，也有内部发展的需要。由于商业企业相较于工业企业在服务模仿等方面更加容易，这种容易会导致商业企业的服务越发大同小异，商业结构在一定程度上也趋向于同质化，没有实质上的特色，现金周转的效率较低，速度较慢。传统的竞争力已难分高下。而当前我国商业企业的创新状况还滞后于企业的发展，创新能力比较低，主要表现在以下三个方面。

第一，创新意识不强。许多管理人员尤其高层管理人员缺乏全球市场中企业管理的视野和经验，对企业进行创新行为、从事创新活动的风险与收益没有合理的预估，缺少充足的创新意识，这些都将会导致管理层往往更看重企业的当前利益，不能在企业内部建立有利于创新和创新能力提升的文化和氛围，企业创新投入不足。

当今以计算机技术、微电子技术和信息技术为代表的新技术发展迅速，新技术推动着经济变革，形成了以技术、经济趋于一体化为基本特征的新技术经济。因此新技术在经济发展中发挥着重要作用，我国商业企业的企业活动的技术含量普遍较低，与大环境背道而驰。在社会化大生产日益广泛的背景下，作为联系生产与消费的桥梁，商业企业在流通领域与生产领域关系更加密切，因此充分发挥技术因素在商业企业运作中的作用势在必行。

第二，企业创新型人才不足。我国虽然在科技人力资源方面已形成一支规模庞大的队伍，但是相当一部分科研力量仍游离在企业之外，存在于科研机构中，阻碍了商业企业的科技创新。此外，企业对科技创新人才的开发和激励机制尚不完善。

第三，企业的管理体系仍然较为传统，缺乏新意。作为一个企业进行管理活动的综合，企业管理体系在效益中发挥着举足轻重的作用。近年来我国商业企业在管理模式上尽管已经有了长足的进步，但距离现代企业管理体系仍然有着一定的距离。其组织管理形式运作率和激励行为方式运作率都较低，而核心流程构建和企业过程再造在企业管理中仍然没有发挥有效的作用，仍以传统组织管理形式运作，这种管理方式严重阻碍了企业发展。

5.1.3　金融企业的创新现状及存在的问题

中国人民银行原行长周小川在华盛顿发表声明时指出，中国将继续推进利率市场化改革，提高金融资源效率，金融行业的发展走向又呈现在人们眼前。而在经济全球化日益完善，信息网络不断推陈出新的今天，金融行业也面临着巨大的挑战。想在这样的环境中持续稳定地发展，创新无疑是最重要和必要的手段。而在金融行业中，银行业显然是最重要的组成部分之一。以下基于商业银行的创新措施，对整个金融行业的创新现状及存在的问题进行概括性的分析。

第一，金融企业的主要业务单一，产品及服务的同质化现象严重。在我国金融业企业当中，占据主要地位的银行业，其管理法则是分业经营、分业管理，而这种管理法则导致了金融业中的主要构成部分——证券、保险、信托、银行是完全分离的。上述原因导致了商业银行的业务在空间上较为狭窄，没有向外延伸，其狭窄的业务空间也在一定程度上压缩了商业银行的创新行为。结合目前的发展状态来看，现有商业银行的众多业务中仍然只有一些传统业务的体量较大、业务量较多，如票据业务、房贷业务、代收代付业务和信用卡业务。此外，也有部分新兴业务在新技术经济的衍生下发展迅速，比如消费信贷、个人理财和网上银行，但是，这仅仅占了整体业务很小的一部分，如果从宏观业务整体来看，资产类业务和原创类业务仍然较少，业务创新仍然处于起步摸索阶段，还有很长的路需要走。

此外，自从我国1978年实施改革开放政策以来，虽然目前我国在金融领域所创新出来的金融工具几乎覆盖了金融业的各个层次和细分领域，达到了100多种。然而，这100多种工具基本上依赖于西方进口，属于舶来品，我国自主研发的金融工具数量非常少。而在现阶段，信贷领域是我国商业银行进行业务创新的重要部分，这种较为单一的业务限制了商业银行创新思路。同时，如果细分来看，我国金融创新的各领域进展并不均衡，差异较大，金融工具、产品、服务的创新速度较慢；在业务创新中，资产类业务创新少于负债类业务创新；具体到资产类业务，能够转移业务风险、稳定业务盈利的业务创新进展缓慢，提高的幅度不大。受到行政主导的模式和创新的不平衡性的影响，金融机构在创新业务的竞争力上被严重削弱，我国金融资源的利用效率也大打折扣。另一方面，商业银行的业务相似度极高，各类理财产品、金融服务、金融工具几乎都大同小异。往往一家银行推出一项新的理财产品，其余的商业银行也会推出类似的产品，缺乏独创性和特色。正是由于银行与银行之间的差异化极小，导致居民的选择性也随之降低。

第二，创新方式粗犷，追求短期效益。金融行业的产品与服务创新往往是基层领导为了实现短期效益而采取的行为，这种创新行为以追求短期效益为主要目的，而并不考虑企业长远的发展，因此这种创新往往成本高，效率低，方式粗犷。以这种方式开发出来的新产品新服务往往不把客户需求和企业价值放在首位，因此很难得到客户和市场的认可，从而导致需要靠促销的方式来获取收益。以商业银行为例，当某种创新理财产品上市时，由于没有考虑好市场需求，仅为了短期内迅速占领市场份额，通常没有客户愿意购买。这种情况下，银行往往会对员工下达指标，通过指标的不良激励机制，去完成短期的目标。这种方式从根本上讲并不是产品和服务的创新，更像是将传统的银行经营方式转变为类似于超市促销的经营方式。这种创新从长远看弊大于利，不仅可能让顾客误解企业的价值，还在一定程度上打乱了市场的秩序。

第三，缺乏针对性，无法满足顾客需求。我国商业银行开发出的金融产品相似度很高，这就导致产品很有局限性，没有办法照顾到客户的需求。然而在当前的市场环境下，几乎所有行业都开始以客户需求为企业最主要的经营导向之一。因此，这种缺乏针对性的创新所带来的产品，缺乏人性化的考虑，难以符合顾客的需求，很难得到顾客的青睐。

另外，目前商业银行还存在一个重要问题，即没有统一的中间业务品种。这种问题会导致商业银行产品没有较强的捆绑性，商业银行自身的优势被束缚，得不到发挥，商业银行向客户所推荐的产品大同小异，趋于同质化，与商业银行客户日新月异的需求无法匹配。与国内企业单一化服务相对应的是国外的大型商业银行，以个性化服务为主，从客户的实际需要出发，为他们量身定做个性化优质服务，所以导致中资银行与外资银行的竞争中在一定程度上不具优势。此外，由于余额宝等产品的上市，以方便灵活的特性充分满足了客户的需求，更是以其网络互联的特性扎根于年轻群体之中，获得了充分的认可和青睐，这也可以对商业银行的业务创新起到一定的启发作用。

5.2 典型领先企业的创新路径

2015 年 3 月 5 日，十二届全国人大三次会议的政府工作报告中，李克强总理首次提出："制定'互联网 +'行业、行动计划，推动移动互联网、云计算、大数据、物联网等与现代制造业结合，促进电子商务、工业互联网和互联网金融健康发展。"因此，随着科学技术的迅速发展，"互联网 +"时代已然到来，在"互联网 +"的视角下，企业生存的外部环境和竞争环境都发生了急剧变化，为了更好地进行创新，每个企业都必须顺应时代的发展，用移动互联网思维对自身进行系统的改造。

5.2.1 以华为为代表的工业企业创新路径

中华人民共和国成立以来，以工业为代表的第二产业快速发展是支撑我国经济飞速增长的重要动力源泉之一，工业企业也始终在我国产业发展中占据重要经济地位。工业企业生产着我们日常使用的物资、能源等，大规模工业生产创造了国民生产总值的大部分，因此工业是拉动我国经济增长、提高人民生活水平、增加就业机会的重要支柱。在经济发展转型时期，工业企业创新能力的提高是经济发展的中坚力量，也是我国走新型工业化发展道路的根本选择。随着移动互联网时代的到来，工业企业的创新已经体现出新的时代特征，华为就是其中的典型代表。

5.2.1.1 企业简介

华为公司是我国通信设备制造行业的领先企业，也是我国自主创新的杰出代表。华为于 1987 年成立于中国深圳，依托强大的研发和综合技术能力，华为在企业市场坚持"聚焦"和"被集成"战略，理解客户需求，提供 ICT 基础设施，包括企业网络、云计算与数据中心、统一通信与协作、企业无线、网络能源等，与合作伙伴开放合作，为全球政府和公共事业、企业提供有竞争力的 ICT 解决方案和服务。华为的初始资本虽然只有 21 000 元人民币，但是经过 30 多年的成长，根据 2019 年年报数据，它的年销售收入达到 8588 亿元人民币，在《财富》公布的世界 500 强榜（企业名单）中，华为排名 49 位。如今，华为服务全球运营商 50 强中的 45 家，遍布全球 170 多个国家和地区。华为之所以能够在全球信息通信行业脱颖而出，离不开华为的持续创新战略。从战略上看，华为坚持聚焦战略，对智能终端、云数据中心、电信基础网络等创新领域不断加大研发投入力度，以客户需求为导向，以前沿技术作为创新驱动的动力所在，使公司能够引领本行业的发展，走在本行业的最前列。作为一个通信企业，华为深知科技创新对于公司生存和发展的重要意义。从研发投入来看，华为坚持每年将销售收入的 10% ~ 15% 用于研发活动，在过往的十余年间，华为的研发投入累计达到了 4 000 亿元。从研发人员来看，在近 17 万华为员工中，从事研究、创新、开发岗位的员工比例超过 45%。其他数据也表明了华为创新活动的成功，如华为已累计获得专利授权 38 825 件，并在 170 多个标准组织和开源组织中担任核心职位。在当前全球一体化和新技术经济的大环境下，华为坚持其独特的科技创新策略，采取开放式的科技创新模式，由跟踪创新转向自主创新，由技术驱动转向市场驱动，并在科技创新基础上进行市场创新和管理创新。

5.2.1.2　华为创新路径的实现过程

华为的创新路径主要是通过以下方面实现的：一方面，华为强调开放式的科技创新模式。封闭式创新是工业企业传统的创新思路与模式，大致可以理解为创新主要依靠内部资源，从创新构想的提出到创新构想的实行以及市场化都在企业内部完成。在传统的封闭式科技创新过程中，由于企业内部创新要素的有限性会无意避开一些更加优质的创新行为，降低企业科技创新的效率。在当今的经济全球化背景下，封闭式的科技创新会阻碍企业的发展，开放式创新模式由此应运而生。开放式创新最早由亨利·切斯布洛教授（Henry Chesbrough），哈佛商学院技术管理中心主任，于2003年在其专著《开放式创新：从技术中获利的新策略》一书中提出。他认为传统的机械思维方式不利于企业的创新活动，企业需要将与研发、科技创新有关的内外部系统有机融合，结合成一个统一的系统，这个系统不仅可以使得企业能够通过技术许可，从而从外部获得发展所需要的技术成果，还能够拯救在原有封闭的创新环境下一些被企业抛弃的某些技术，使它们重获新生，为企业发展做出贡献。开放式创新主要体现出四大基本特征，即创新环境的开放性；创新主体的开放性；创新要素的开放性以及创意开发的开放性。在这种科技创新模式下，企业立足于更开放的创新环境，让多元化的创新主体利用资源共享，为企业创造更多的价值。

随着当前信息技术的迅速发展和更新周期的缩短，作为主要依靠技术的创新与发展的通信行业也面临着很多冲击。通信行业的技术更新换代速度快，信息共享程度高，要想在这样的环境下获得持续的发展，必须由封闭式的科技创新模式转向开放式的科技创新模式。华为在其发展壮大的过程中，认识到了开放式科技创新的重要性，为此，华为采取了多种方式以利于其科技创新。

首先，华为加强国际合作，将其研发体系遍布全球。在通信行业，快速的产品技术更新要求华为必须在时间上超过其他竞争对手，在技术上走在潮流的前端。在全球设立研发中心，加强与国际领先团队的合作，让华为在较短时间内，充分利用整合优势资源，取得研发成果，加快了科技创新商业化的进程，创造出更高的企业价值。当前国内通信技术发展还不够成熟，华为加强与国际先进技术团队的合作与交流，方便其吸收世界前端技术，直接应用已有的技术研究成果为自己的企业创造价值。并在此基础上注入自主创新的血液，实现更高级的科技创新。在这个过程中既提升了自己的研发能力，同时也避免一些不必要的研发成本，降低企业科技创新的风险。从1997年至今，华为已经与多个国际领先企业共同成立合资公司，主要致力于TDSCDMA，企业数据网络等研究。如3COM、西门子、Global Marine等都是华为的技术研发合作伙伴。与国外企业的合作，在为其科技创新带来优势的同时，也为其进一步开拓海外市场打开了通道。

华为在亚洲和欧洲等地的多个国家建立了16个研究所，占公司总人数45%的7万余名创新、技术、研发员工进行产品研发与解决方案的工作。不仅如此，华为还成立34个联合创新中心，与运营商一起把领先技术转化为竞争优势，实施全球异步研发战略，成功整合全球的技术优势资源。与世界一流公司如Intel、Texas Instruments、Freescale Semiconductor、Qualcomm、Infineon、Agere Systems、Microsoft、IBM、Sun Microsystems 和HP等进行合作和建立联合实验室。2015年11月，华为秉承开源、开放的精神，华为与英特尔通过OpenStack基金会官网等渠道，邀请OpenStack社区所有的中国开发者参加。大会汇聚了来自九州云、海云捷迅、UnitedStack、乐视TV、Mirantis及IBM等8个公司45名顶尖OpenStack开发者参会，并且邀请到来自华为、英特尔、Mirantis和IBM的7名OpenStack核心开发者为活动提供技术支持，并带来精彩的技术分享。华为在2015年初建立了业界领先的NFV开放实验室，与客户、合作伙伴、行业组织及开源组织进行联合业务创新。

其次，华为重视与高等院校、科研机构进行技术研发的合作。华为将科技创新的队伍延伸到企业外部，目前已与北京大学、清华大学、电子科技大学、东南大学、中国科学技术等高等院校展开了长期的技术合作，主要专注于产学研的合作以及进行专业人才的培养等。华为本身的科技创新要素有限，与高等院校等机构的合作壮大了其创新的队伍，丰富了创新的主体。在华为成立初期，技术能力薄弱，产学研的合作弥补了华为成立初期技术能力薄弱的缺陷，支撑着华为不断发展壮大。华为现在已经在世界各地成立了自己的科研机构，技术研发实力位居世界前列，取得了巨大的成功。

在其技术研发实力已经赶超科研机构的今天，仍然与多所知名院校保持密切的合作，以期发挥前期的基础研究优势，合理进行技术研发资源的优化配置。具体的合作方式包括建立高校基金、开展专项合作以及不定期地与一些国家重点实验室进行联合开发，利用它们的资源优势进行产学研合作等。

另一方面，华为将其科技创新方式由技术驱动转为由市场驱动。关于科技创新的动因有两种代表理论，技术推动论和需求拉动论。技术推动论认为科技创新和发展的根本动力来源于技术发展的本身，是技术的发展后向动力推动了科技创新。需求拉动论认为是市场需求带动了企业创新，市场需求的产生释放了一个信号给科技创新活动，这个信号推动了科技创新向前增长。在需求释放信号促进企业科技创新的过程中，科技创新和市场需求的作用模式图 5.1 所示：市场上对某种未知产品的需求刺激了企业科技创新构想的产生，接着进行产品的研发与生产，最后进入产品市场之中。通过上述分析可以得出结论：市场需求和科技创新之间存在着一种相互关系，称之为科技创新的需求拉动模式。

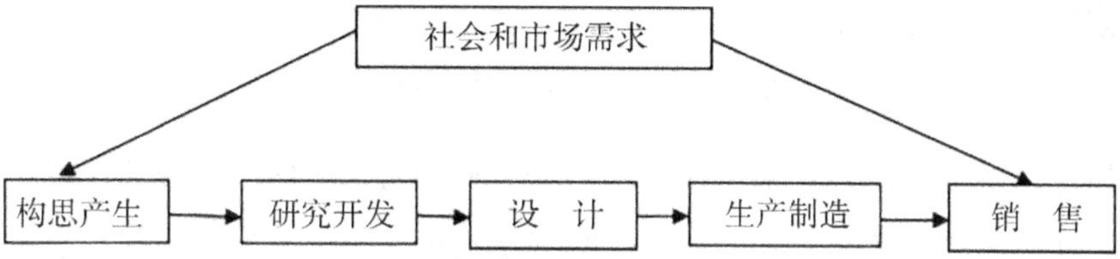

图 5.1　科技创新的需求拉动式

在这种模式之中，新产品构思的产生受到市场需求和社会需求的共同推动，而这种合理的构思又会进一步推动企业研发和设计新产品，紧接着就投入产品的生产环节，为市场需求服务。正是因为华为拥有独特的技术市场管理，它才能够在技术市场上领跑业界。

由于在中国联通 CDMA 项目招标落选，华为深刻反思了自己的研发策略，认识到在当前的通信市场环境中，技术的创新速度已经赶超了人们的现实需求，高新技术如果不能与人们的需求相匹配，整个科技创新的结果会失败，且造成大量技术成本投入的损失。因此华为决定将其科技创新的驱动力转向市场，对市场的消费群体进行数据跟踪调查，以市场需求作为自己科技创新的导向，以新的技术手段实现客户需求。为此，华为在 1999 年初，与 IBM 咨询公司合作建立了科学高效的 IPD 产品开发管理系统。

华为的 IPD 管理系统致力于开发出满足客户需求的有竞争力的产品。IPD 管理系统强调要以市场和客户的需求科技创新、研发产品的动力来源，客户需求贯穿产品开发到投入市场的整个过程中，以生产适销对路的产品，降低科技创新失败的风险及损失。

此外，华为将创新思路由跟踪创新转换为自主研发。在这样一个由信息科技支撑的时代，一切产品的存续都要以拥有自己的核心技术为基础。华为正是因为走上了自主创新的道路，一直掌握着自己产品的核心技术，才取得了如此大的成功。回望华为 20 多年的创新之路，由跟踪创新到自主创新一共经历了三个阶段。

第一阶段，技术模仿。在20世纪90年代初期，在做代理商时期通过对国外交换机的研究走上了模仿的道路。初期研发阶段，华为的技术水平与其他竞争厂商并没有大的差异，随后华为把研发重点放在了国际流行的万门级交换机。1994年华为成功研制出了C&C08交换机，科技创新能力大大增强，并逐渐走向了规模化有序发展。

第二阶段是跟进创新。在20世纪末期，华为慢慢拥有了改进创新的能力。现在回顾华为的历程，我们可以总结出，华为先是实现了对2G领域的跟进创新，打破了国外的技术垄断。华为于1995年启动了GSM移动通信研究。1997年，华为用其自行研发的GSM打通了第一个电话，紧随其后发布的商用GSM数字蜂窝移动通信系统则拥有自主知识产权。1998年华为在3G的研究上投入了近三分之一的研发人员，经过研发人员的努力，华为最后完全掌握了3G技术的研发，在当时，能够提供全套应用系统的商家数量极少，而华为就是其中的一家。2003年底还有一个事件标志着华为在通信技术领域已经达到了与爱立信、西门子等国际知名企业的同等高度，那就是华为承建了大秦铁路的GSM-R系统工程。

第三阶段是同步创新。从21世纪伊始，华为在部分领域已经达到了国际顶尖，甚至在个别领域已领跑全球，例如光通信和路由器技术。现如今，华为凭着稳定的工作性能在行业中能够分得一杯羹，其光通信技术已经能够跟上全球的步伐，其路由器技术更是处于全球顶尖水平，在竞争日益激烈的通信设备市场中，华为的自有技术可以与其他顶尖跨国公司分庭抗礼。华为能够深刻地认识到拥有核心技术对于通信行业的重要性，要想占据有力的竞争地位，必须形成自己企业的核心技术。华为成立了自己的基础研究部门，负责华为通信设备所需的专用集成电路ASIC的研发。有了自己的 ASIC 芯片，让华为有了自己的技术底牌。

除了每年将大量的资源用于企业技术的自主创新，华为从创立之初就明确了其自主创新的持续和专利保护的申请要紧紧依靠其建立的知识经济产权保护管理体系。表 5.1 反映了华为公司 2010—2014 年每年年末累计专利申请总计。华为坚持走自主创新的道路，自创始以来就非常重视保护企业自主的专利技术，作为企业可持续发展道路的重要构成部分，这些举措始终贯穿于华为 30 余年发展的历程当中。在行业标准和技术专利方面，华为始终投入了大量时间和资金，华为目前的辉煌业绩很大程度上归功于其不断地创新。

表 5.1　华为 2010—2014 年每年年末累计申请专利总计

单位：项

项目＼年份	2010	2011	2012	2013	2014
申请专利	49 040	57 972	68 895	77 514	90 633
中国专利申请	31 869	36 344	41 948	44 168	48 719
外国专利申请	8 279	10 978	14 494	18 791	23 917
国际 PCT 专利申请	8 892	10 650	12 453	14 555	17 997
获得专利授权	17 765	23 522	30 240	36 511	38 825

数据来源：根据华为披露的年报数据整理所得。

5.2.1.3　华为创新路径的未来展望

随着 4G 技术的普及和 5G 时代的到来，用户在 PC 端传统互联网上耗费的时间逐渐变少，用户开始转向手机、平板电脑等移动端。新的通信技术使得交易速度更加快捷，交易场所发生改变，交易品种得以丰富，交易空间得以拓展。华为要想在移动互联网时代持续成功，必须拥有互联网思维的创新模式，融入互联网时代。

一方面，运营模式应当结合互联网的特点。互联网具有零距离、全连接的特点，从根本上打破了空间和时间的约束，在无形中影响了用户的行为选择，具体体现在On-Demand、实时化、社区化、全在线、DIY等方面。因此，华为现有运营方式必须根据用户新的行为选择进行改变，华为中从事相关工作的员工必须对运营系统的价值和定位有新的认识，这样才能满足用户的新需求。新的运营系统应当是一个新的生态链系统和价值创造系统，这个系统连接了合作伙伴、客户、运营商三方面，连接内容、应用和网络三方面，而不是简单的支持系统、内部系统和营销界面在线化。新的运营系统要在实现按需实时订制享受各项服务的功能以更好满足不同客户的个性化需求的基础上，采取大数据等技术深刻地洞察客户的习惯、需求，以便华为公司可以精确营销，使服务趋向智能化。与此同时，社交化的网络平台汇集来了行业的最新创新动态和方向，华为公司可以借此适时推出种类更加繁多的业务。互联网和其他通信技术的发展推动新运营系统在设计理念上发生了转变，外部用户服务的模式逐渐取代了内部管控模式。

另一方面，需要创新网络技术，实现万物互联。新工业革命带来了大数据智能和万物互联，在这种背景下，工业环境对网络的需求与人对网络的需求的不同。第一，工业环境和人对于连接数需求的不同是最为显而易见的，这种差别是巨大的，往往是指数级的，工业环境的连接远超人的连接数百倍乃至千倍。第二，工业环境对时延要求与人对于时延的要求存在差别，包括工业控制和自动驾驶在内的工业应用场景的实时性要远高于人的需求，工业环境甚至都需要比现有网络低得多的时延。在结合新工业革命的时代背景和信息时代的基础上，科技创新要结合未来的愿景来决定未来5G无线网络的目标和特性。在技术选择方面，大胆地采用包括创新调制方式的新空口、云化的新架构等新技术，真正面向全连接世界的需求。

这是一个大变革时代，全面信息社会正在慢慢代替传统社会。跨行业融合、商业行为、商业模式变革、技术变革、用户行为等都在发生巨大的改变，华为作为通信行业的领导者，若想具备持续的竞争优势，势必需要基于移动互联网不断进行企业创新。

5.2.2　以阿里巴巴为代表的商业企业创新路径

5.2.2.1　企业概况

阿里巴巴集团创立于20世纪末的1999年，其业务主要为经营多元化互联网。阿里巴巴目前已建立领先线上支付、B2B线上交易市场、电子商务以及以数据为中心的云计算服务，向包括商家和消费者在内的参与者提供产品、服务、技术，有了这些以后，这些参与者就可以在阿里巴巴的电子商务生态圈中从事经济活动，再加上阿里巴巴近些年在无线应用、手机操作系统和互联网电视等领域不断发展用户、开拓市场，阿里巴巴集团致力为世界创造一个便捷的线上交易渠道。

5.2.2.2　阿里巴巴的创新路径

从阿里巴巴选择的创新战略来看，B2B业务是阿里巴巴进行创新战略的切入点，阿里巴巴通过纵向一体化战略和横向一体化战略，集团成功构筑了包括C2C、B2B、网络广告、搜索引擎、在线支付、软件服务在内六大业务领域的生态圈，这一生态圈几乎涵盖了中小企业电子商务的各大环节。C2C、B2B、网络广告、搜索引擎、在线支付、软件服务之间相互影响和作用，并且互相支撑，资源整合效应帮助生态圈发挥了最大的价值，产业链协同的目标得以完美实现。在看到阿里巴巴成功的案例后，其他大型企业也基于阿里巴巴成功的原理和理论，采用和阿里巴巴相同或者相似手段，帮助其自身实现产业链延伸。作为国内最大的搜索引擎巨头和互联网企业，百度高调宣布利用丰富的互联网社区资源和搜索引擎资源，成功进军了 C2C 市场。百度借鉴阿里巴巴的做法，在 C2C 市场取得的成功也再次证明了阿里巴巴战略布局的价值性和前瞻性。阿里巴巴作为世界上电子商务 B2B 模式的开辟者，为世界上中小企业采取电子商务模式的发展奠定了重要基础。在此基础上，阿里巴巴通过创新，用建立未满两年的淘宝从当时全球 C2C 的龙头企业 eBay 手中拿走其超过 80%的市场份额。

自创建之始，阿里巴巴建立的 B2B 模式就并非简单地将美国的 B2B 模式生搬硬套，而是根据中国的经济发展模式和状况，不断进行业务开拓和延伸，结合国内市场特点的实际情况创建了一个全新的创新方法。这种做法具体表现为，在国外采购商和国内供应商之间搭建信息桥梁，阿里巴巴为企业架设站点，对企业的产品和服务进行网络推广，并提供在线贸易的信息辅助服务和交易本身的订单管理服务。中国的中小企业众多，企业之间不尽相同，阿里巴巴采取差异化发展战略，立足于国内中小企业特点，为中小企业提供差异化的产品和服务。最终为阿里巴巴的发展提供不竭的动力。

从组织创新角度来看，作为企业时任的领导人，马云在阿里巴巴快速成长的过程中对组织进行不断变革，公司的组织结构创新变革基本分为三个阶段。第一阶段为子公司制，这一阶段阿里巴巴组建了八家子公司，分别是阿里巴巴网络有限公司、淘宝网（后在 2011 年拆分为淘宝网、淘宝商城和一淘网）、支付宝、雅虎中国（2013 年 9 月 1 日已终止服务）、阿里妈妈、阿里软件、阿里云以及虾米音乐网。第二阶段为七大事业群。2012 年 7 月，阿里集团采取了事业群制代替原来的子公司制，七大事业群由原来的八个子公司调整而来，最终形成了由消费者、渠道商、制造商、电子商务服务提供商共同组成的集团 CBBS 市场集群，阿里巴巴一直强调的“one company”理念得到再度强化，并且进一步融合和打通了包括组织文化系统、信息管理系统、业务系统在内的三个系统，基于阿里巴巴集团建立统一的数据、安全和风险防控以及技术底层。第三阶段为 25 个事业部。2013 年 1 月，阿里集团再次进行组织架构的调整，将原有的 7 大事业群拆分为 25 个事业部，设立战略决策委员会和战略管理执行委员会，具体事业部的业务发展将由各事业部总裁（总经理）负责。再次进行宏观整合，交由 9 个集团管理委员会成员分别负责。这种组织结构的变革对于阿里巴巴短期与长期目标都有着重要作用，短期而言，阿里巴巴是为了集团整体 IPO 上市做准备，拆分 25 个子事业部即为了以强业务单元带动弱业务单元发展，从而提高 IPO 估值；长期而言，这种组织结构变革和战略调整，是对未来理想的一种尝试，为了独立发展各项业务从而寻求新的增长点，使得公司更具发展潜力。

从虚拟产品、技术服务和行业创新的视角，传统商业企业生产销售的产品往往是具体的实物，客户为了得到所需要的产品需要进行付费。与传统企业不同的是，阿里巴巴提供的产品主要是依托互联网的某种虚拟货品。20 世纪末，国内的大部分企业还在模仿西方的各种电子商务模式，而马云则清醒地看到，欧美的电子商务市场和亚洲的电子商务市场之间有着本质的区别，以 B2B 模式为例，欧美的电子商务市场主要针对大企业，而亚洲的电子商务市场则主要针对中小型企业，市场针对的主体的不同带来的影响就在于二者不可以使用一模一样的模式。正是有了马云这种敏锐而准确的判断，阿里巴巴就结合亚洲市场尤其是中国市场的实际情况，创造了一种独特的亚洲式、中国式的 B2B 网站。阿里巴巴 B2B 电子商务平台成功建立起来以后，马云团队集中所有力量进行网站平台的开发与建设，建立了“中国供应商”和“诚信通”两种模式。“中国供应商”和“诚信通”都让其服务的企业拥有了前所未有的发展机会，为中小企业提供了对外交流和接触信息的渠道。此外，阿里巴巴集团下属的个人交易网站淘宝网推出了具有中国特色的 B2C 业务。这种模式被誉为“颠覆亚马逊”，其颠覆之处就在于亚马逊是直接从企业总利润中分摊出一部分归为己有，而淘宝的具有中国特色的 B2C 是帮助企业赚钱后，淘宝再赚钱。

从商业模式方面看，阿里巴巴的商业模式从创业初期就一直酝酿执行着改变与革新，该行业的市场巨大且竞争激烈，阿里巴巴在初步建立基本的商业模式后，根据市场变化和客户需求进行不断地动态调整，而非一直固执己见。

首先，在目标客户上，其主要目标客户是中小企业，其产品则是依托于互联网的虚拟商品。阿里巴巴采取的是免费会员制，其好处就在于注册方便且成本极低，这为阿里巴巴带来了庞大的客户流和充足的信息流，在积累了一定的资源之后，阿里巴巴的商业模式从原先的客户流和信息流逐渐发展到以资金流和物流为主。在价值主张上，阿里巴巴依旧是以客户为导向，但为中小企业提供全方位电子服务逐步替代了为中小企业提供网上交易平台，最终达到了客户和企业的双赢。在增值服务上，根据客户自身特点进行差异化服务不断细化的平台逐步取代了为客户提供方便快捷的在线平台。

其次，阿里巴巴属于多边平台的细分市场，总体供应商细分市场和采购商细分市场两部分。随着客户量的增多和产品及服务的深入，阿里巴巴不再局限于中小型企业，终端消费者和部分渠道商也进入了阿里巴巴的视线。

再次，阿里巴巴以建立坚实牢固的知识资产为中心，其高质量的人力资源支撑了阿里巴巴建立客户数据库，累积品牌认识。阿里巴巴的核心业务开发速度较快，成长速度也较快，在业务的开发和成长的过程中积累了较为充足的经验。在开发和成长的过程中，阿里巴巴的资金流和物流逐渐代替了信息流，付费模式逐渐代替了免费模式。业务服务的内容由一开始获取客户，直到客户关系稳定后逐渐演变成了维系客户关系，在进行了一系列的收购行动之后，阿里巴巴的关键业务得到了全面整合。在合作伙伴的关系的建立上，则是经历了获取业务、获取资源逐步转向实现规模经济和模式优化。

此外，阿里巴巴通过“信息流汇聚”和“外包业务”的方式在企业建立初期精简了成本结构，然而随着企业规模的不断扩大，其运营成本也水涨船高。总体来说，阿里巴巴的成本结构由成本驱动转为价值驱动。阿里巴巴主要依靠增值服务和会员费实现了盈利。具体来说，企业为客户所提供了三种服务，分别是免费服务、付费会员服务、增值服务。而近些年实现“与服务效果挂钩的收费模式”代替“固定会员费模式”的创新转变。

5.2.2.3　阿里巴巴创新路径的未来展望

首先，构建高效的物流系统。物流作为电商的基础，也是阿里巴巴关注的重点。阿里巴巴为了进行市场布局，充分利用其手头现有的资源建立了物流节点和物流云管理系统。根据官方的统计数据表明，在现阶段，我国的快递业务超过五成和阿里巴巴有关，这也导致2014年中国快递的增长速度高达43.5%，而此前其还投资10亿元以实现在部分城市1小时送货。

其次，增强微贷科技创新。在阿里巴巴的大部分电子商务平台，客户都积累了行为数据、交易数据、信用数据，这些数据记录了客户的经济行为，可以为企业和个人的信用评级时提供支持。相比于传统放贷方式，这种放贷方式更加重视大数据，而以不完全担保或者抵押为依据，在一定程度上可以简化中小微企业融资难的问题，并且可以做到全年全天候。这些企业的贷款清算速度之所以能够得到质的提升，其原因离不开阿里巴巴建立了基于中国人的信用体系。

第三，虎视海外市场。在过去，由于关税和通关程序等问题，目前我国进口商品价格一直处于较高水平，伴随着中澳、中韩等自贸区的逐渐建立，世界各地物美价廉的商品和服务进口到国内。中国企业不仅要引进来，更要走出去，阿里巴巴正是看到了海外广阔的市场从而加速了其国际化进程，“全球速卖通”为中国商家将商品销售到世界各地提供了平台。此外，阿里巴巴率先推出的双十一活动不仅在国内市场交易量和交易金额逐年攀升，同时还将产品远销至俄罗斯、美国等国家和地区。

第四，瞄准国内乡村市场。2014 年 10 月 13 日，阿里巴巴集团在首届浙江县域电商峰会上宣布启动“千县万村”计划，阿里巴巴宣布在未来的三至五年内总共投资 100 亿元，建立千余个县级运营中心和 10 万个村级服务站。阿里巴巴的行为释放了一个信号，表明阿里巴巴的供应链将不再局限于城市，而是要进一步深入到农村市场，采取线下服务实体的形式，不断推动电子商务在农村地区的发展，在供应链落实到农村市场的过程中，培养更多的服务商以及买卖双方，进一步激活并开发农村的电商经济，这有助于拓展农民收入的渠道，增加农民的收入，为县域新经济提供持续动力。

在经济迅速发展和移动互联网逐渐普及的环境下，传统商业企业通过实体店销售的营销模式受到了极大的冲击，传统的商业模式需要创新，整合资源，调整组织架构，构建多元化的盈利模式，在线下环节良好发展的情况下，通过线上发展，充分利用资源，向顾客提供更便捷的服务，实现线上、线下、物流、金融等能力的共同提升。

5.2.3　以中国工商银行为代表的金融企业创新路径

中国工商银行在上市伊始仅排世界第五，在经过一段时间的发展之后，工商银行的市值成为全球最大的商业银行。工商银行之所以能够取得这些喜人的成绩，其原因就在于工商银行在抓住经济全球化的国际化战略的同时做到了持续的创新。具体而言，工商银行在服务和产品的创新上投入了较多的时间和资源，例如，工商银行在国内的商业银行中最早一批成立博士后科研流动站。为了开发具有自主知识产权的产品，工商银行与包括清华大学、北京大学、中国人民大学和中央财经大学等在内的众多具有较强研究实力的高等院校和科研院所进行合作，这些举措直接体现了工商银行在长期战略上对于创新活动的重视。

工商银行的创新路径具体可以概括为如下四个方面：

一是创新了服务与产品。服务与产品的创新保障了工商银行一直处于行业领跑地位。工商银行不断地服务与产品的创新不仅可以满足客户差异化、个性化的需求，还在一定程度上帮助工商银行适应外部环境的变化。中国工商银行于 2007 年率先在国内的商业银行中成立了产品创新管理部，产品创新管理部的主要职责是专门负责组织、推动和协调内部的产品创新工作。不仅如此，工商银行还于 2009 年成立了国内首家金融产品创新产学研联盟。这一联盟的成员不仅包括如 IBM、微软、用友等自身研发实力强大的国内外企业单位，还囊括了清华大学、中央财经大学等国内知名高校，更涵盖了如中国银联在内的金融服务机构。工商银行还在国内率先开展金融产品的产学研合作，极大地提升了工商银行服务与产品的创新实力。

值得一提的是，工商银行非常看重以大学生群体为代表的年轻客户群体，并认为大学生群体的发展趋势就是年轻客户群体的发展趋势。为此，工商银行专门针对大学生客户群体的消费习惯和消费需求，根据他们的消费习惯和消费需求提供差异化的金融服务，满足了这一群体的多种需求，受他们的普遍认可。比较具有代表性的金融服务包括：校园一卡通可以在校园内进行快捷支付；牡丹城市卡以较低廉的费用为大学生提供某些城市间的转账、支付等功能；除此之外，工商银行还推出了出国留学贷款服务、金融理财服务和手机银行服务等。

二是创新了组织管理模式。工商银行具有较完善的治理结构，其股东大会、董事会、监事会和高管等不同层次的结构之间相互协调、相互制约。除此之外，工商银行建立了安全责任制，在银行内部做到了赏罚分明，合理的奖惩制度可以最大限度地激发员工的工作热情和服务热情。

另外，工商银行的组织内部管理方式与其他商业银行相比较为独特。首先，积极培养各级企业员工的创新意识。这种较为宽松的环境有助于企业创新管理文化的建设。更为重要的是，在某些分支机构中，还会设立专门的创新基金，用来奖励那些有突出贡献的管理者或员工。这极大地激发了各层员工在管理中不断尝试新的方法，迸发新的思想火花。

其次，工商银行比较重视培养各级企业员工的学习能力。优质的人力资本是一个企业能够保持发展的动力，尤其是对于商业银行而言，高层次人才的重要性不言而喻。由于商业银行在服务和产品上不断创新，导致了其更新换代较快，为了使企业各级员工能够更好地参与到银行的工作和服务客户，工商银行加大了对他们的培训。另外，工商银行的组织机构较为庞大、机构庞杂是其重要的弊端。由于扁平化的组织结构有助于去集权化、减少审批环节，有效提供企业的运营效率，降低企业的运营成本，因此扁平化的组织结构是工商银行组织结构一直探索的方向，这是现代组织结构的典型特征。国外的金融机构比国内的金融机构在组织上更加完善，结构灵活多变，使得其盈利能力更强。为了充分团结组织内部的所有员工，调动员工积极性，“绩效优先、兼顾公平”的薪酬管理体系在工商银行得以实施。为了充分发挥民主的优势，形成强大的凝聚力，让全体员工都可以平等地参与企业管理之中，工商银行还针对各个分支机构加强了民主管理制度。

三是创新了商业模式。在过去，金融机构获得高额利润的主要手段是依靠政策保护和规模效应，然而随着新技术经济的发展，这种传统的商业模式将慢慢退出市场。工商银行的发迹史与大部分金融机构如出一辙，都主要依靠国家政策支持、企业的国有背景以及规模效应。但是我国在 21 世纪初加入 WTO 之后，政府对金融行业进行的市场化改革将会使得大部分金融机构发迹之初拥有的优势丧失，因此工商银行为了继续保持其领先地位，商业模式的改革成为不可逆的趋势。

在国家对金融领域进行市场化改革的背景下，传统的信贷业务出现了瓶颈期，商业银行创造效益的重要动力源泉是逐渐转向非信贷业务。由此可见发展非信贷业务的必要性。21 世纪伊始，工商银行主要面向企业开通了网银服务，而随着网银业务的飞速成长。仅仅过了 3 年之后，工商银行敏锐地捕捉到了个人网银这一蓝海市场，并迅速推出了个人网银“金融 @ 家”业务。在工商银行的网上银行开通 11 年之际，工商银行的企业网银和个体网银客户量总计突破 1 亿，雄踞国内市场占有率的第一位。相比于传统模式下的银行，新时代产生的网银不仅不受时间空间限制，还更加安全高效，得到了企业客户和个人客户的一致认可。在现阶段，4G 技术已经非常成熟，5G 技术也逐步实现商用，手机银行服务成为新的效益增长点。

早在3G时代，工商银行就将网银和手机银行进行了全面整合升级，推出了工银融e行，给用户带来了更好的产品及服务。另外，商业银行还有其他的商业模式，如与券商、投行等其他金融机构合作介入企业的上市计划或重组计划中。

商业模式的创新并不表示传统的商业模式已经不再需要了。在传统的商业模式中，银行的盈利手段主要通过借款和贷款之间的利差获取收益，这种稳定的收益为商业银行开展其他金融业务打下了坚实的基础。工商银行通过改善信贷结构对传统信贷业务进行整合，同时加强自身的客户服务水平，在保证其能继续发挥作用的基础上对传统商业模式加以改善，对信贷市场进行了科学的细分，挖掘了本行的优质客户和潜在客户。

四是创新了服务系统。商业银行的服务效率乃至收益率在很大程度上取决于其服务系统的运营效率，服务系统创新对于商业银行的主要性不言而喻。由于工商银行的客户数量较多，规模较低，因此工商银行通过信息技术手段建立了集中度高、信息化电子化程度深、效率高的服务系统。工商银行不仅是国内商业银行领域的领跑者，其服务系统在业内也是佼佼者。时至今日，中国工商银行保障其信息安全的同时将全国所有的营业网点和所有的ATM机都连接在其业务处理系统中。除此之外，以客户为中心的业务处理系统，代号CB2000的系统作为工商银行自主研发的核心业务处理系统更是全国首家。在先前自主研发国内处理系统的基础上，工行还研发出处于全球领跑地位的全功能业务处理系统——NOVA。

综上所述，作为各行业的领先企业，华为、阿里巴巴以及工商银行都已经探索到适合自身发展的创新路径，并在不断地对其进行完善，这些企业的创新路径的选择和实现也给后发企业以启示，让它们在进行创新追赶时可以有所借鉴。

第六章　江苏企业的创新现状

6.1　我国创新投入与产出总体情况

近年来，创新已经被上升至国家的战略层面上，各地纷纷加大了对企业创新的支持，尤其是针对科技创新方面，各级政府均加大了对科技经费的投入。从全国范围来看，结合图 6.1 与表 6.1 可以看出，我国对 R&D 投入从总体上处于增长趋势，在 1991 年到 2017 年的 27 年的时间中从 50 亿元增长到 17 600 余亿元，增长了 16 倍；如果采用 R&D 经费投入占 GDP 的比重衡量强度指标，可以大致分为如下几段：首先是 1991—1996 年这 5 年时间中表现出持续下降的趋势，从最高的 0.79%降至 0.6%；其次在 1997 年前一直处于 0.6%附近。在 1997 年开始增长，尤其是从 1997 年开始增幅较大。根据表 6.1，2000 年强度指标首次突破 1.0%，到了 2013 年该强度指标达到了 2.1%，首次突破了 2%的关口。自 20 世纪末开始的持续上升趋势与我国实施的科教兴国战略是密不可分的。尽管与部分发达国家的强度指标可以达到3% ~ 4%的水平相比，我国仍有很长的一段路要走，但是我们也要欣喜地看到自 1991 年以来的上升趋势，以及近些年来我国政府越来越重视科技创新，重视高新技术的发展对经济发展的促进作用。

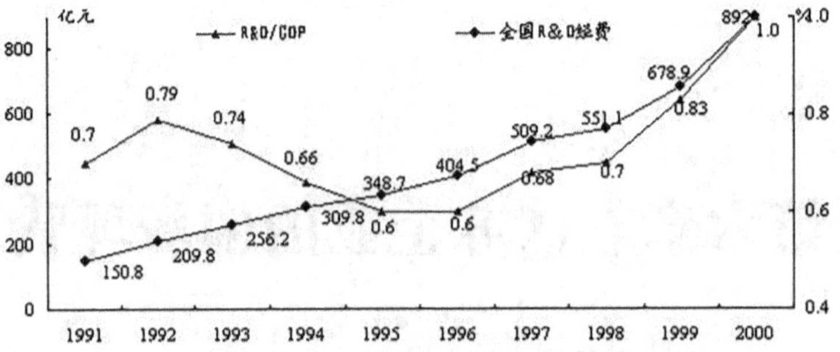

图 6.1　1991—2000 年全国 R&D 投入总额及投入强度

表 6.1　2001—2017 年全国 R&D 投入强度

项目	2010	2011	2012	2013	2014	2015	2016	2017
R&D 投入（亿元）	7 063	8 687	10 298	11 847	13 016	14 220	15 676.7	17 606.1
GDP（亿元）	397 983	484 124	534 123	588 019	635 910	676 708	744 127	827 122
R&D 投入强度（%）	1.77	1.79	1.93	2.01	2.05	2.1	2.11	2.13

数据来源：根据国家统计局历年统计数据整理所得。

2014 年欧盟 28 国的投入强度平均 1.94%，与这一数值相比，2014 年我国的数值为 2.05%，达到了中等发达国家的水平。在总体上看，我国 R&D 投入与我国现阶段经济社会发展的水平是相匹配的，需要注意的是 R&D 投入效率还有进一步提升的空间。

从研发经费投入总量增幅的角度来看，2011 年的增速一度高达 23%，然而从 2013 年开始增速放缓，降至了 15%，到了 2014 年和 2015 年增速更低了，2014 年为 10%，2015 年为 9%。尽管增速不断放缓，但与同阶段全球的其他发达国家相比，我国的增速依旧高于其他发达国家。根据图 6.2，如果采用可比价进行计算，在全球主要科研投入大国中，中国的研发经费投入在此期间的平均增速达到了 16.45%，不仅增速最快，并且显著高于全球平均增速。此外还有韩国和英国的 R&D 经费增长速度高于全球，但都远低于中国。美国、德国以及法国的增速低于全球，日本甚至出现了负增长。

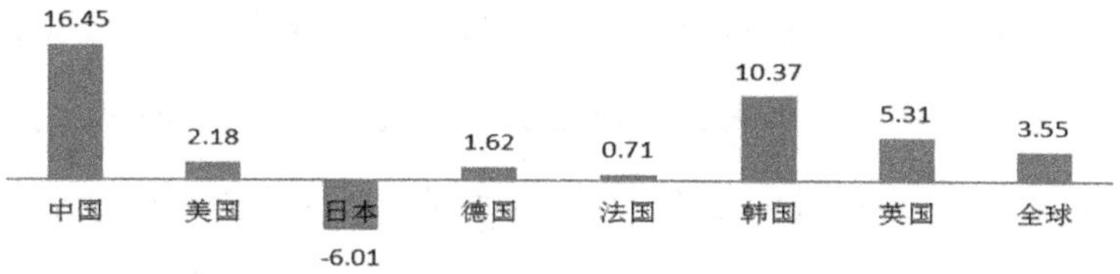

图 6.2　2011—2014 年全球及主要国家 R&D 投入年均增速

通过图 6.3 中的数据可以看出，美国的研发经费投入总量的绝对数量依然领跑全球，单独以 2014 年的美国数据来看（表 6.2），其研发经费投入量占全球的 30% 多。中国由于基数较小，直至 2014 年末经费投入总量也不到美国的二分之一，但随着近年来对 R&D 经费投入的加大，2018 年在投入总量上已经超越了其他国家，在全球研发投入的总量中仅次于美国位列第二，其后分别为日本（193.17）、德国（123.22）、印度（94.06）、韩国（93.46）和法国（66.22），全球 R&D 经费基本集中在这几个国家中。

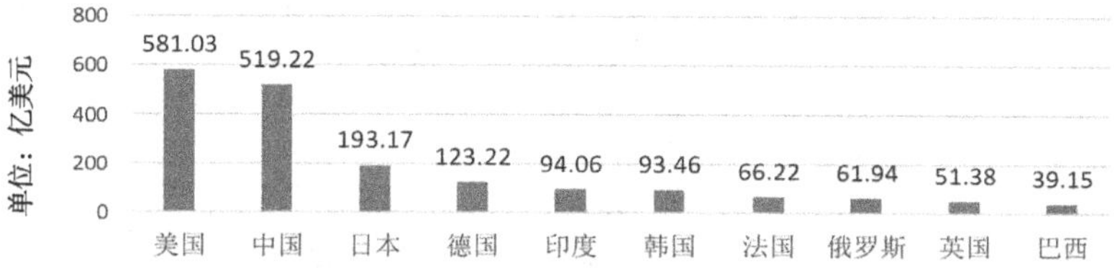

图 6.3　2018 年主要国家 R&D 经费投入

表 6.2　部分年份主要国家 R&D 投入总额

单位：亿美元

国家	2000	2005	2009	2011	2012	2013	2014
中国	108	298	849	1344	1631	1912	2118
美国	2712	3066	4020	4291	4535	4570	4574
日本	1438	1518	1692	1998	1991	1709	1649
德国	462	686	930	1050	1020	1095	1099
法国	285	449	592	626	598	626	638
韩国	127	252	297	450	492	541	605
英国	273	401	404	439	426	435	508

数据来源：根据国家统计局历年统计数据整理所得。

从R&D经费的构成来看（表6.3），1985年R&D经费中有79%来源于政府资金，来自企业的资金仅占18%，这一比例在进入2000年以后有明显改变，尤其是近年来，企业R&D经费投入的力度不断增强。结合2011年至2016年数据并以2016年数据为例，在我国全部研发经费中，政府资金占比不断减少，到了2016年仅占20%左右，而企业资金占比不断上升，在2016年达到了76%左右。比例的下降并非意味着政府忽视研发经费了，因为从绝对数量上看，政府资金不降反升。出现这一现象的原因主要是企业在近几年越来越意识到科技发展、科技创新对企业发展的重要意义，加大了对R&D经费的投入，这也表明企业在创新型国家的建设中发挥的作用愈加突显。

表6.3　R&D经费的资金来源构成

单位：%

年份	政府资金	企业资金	国外资金	其他资金
1985	79.0	18.0	—	3.0
1990	54.9	23.4	—	9.9
2000	33.4	38.9	—	—
2011	21.68	73.91	1.34	3.08
2012	21.57	74.04	0.97	3.41
2013	21.11	74.60	0.89	3.40
2014	20.25	75.42	0.83	3.50
2015	21.26	74.73	0.74	3.27
2016	20.04	76.06	0.66	3.25

数据来源：根据全国科技经费投入统计公报数据整理所得。

在20世纪末期，我国政府R&D资金投入不断增加，借着这股势头，我国研发产出也进入了飞速增长的阶段。尤其是近年来专利战略的实施促进了专利规模的持续扩大，2017年，全国发明专利申请数138.2万件，比上年增长14.2%，发明专利授权数为42.0万件，其中境内发明专利授权32.7万件，比上年增长12.3%。2018年的专利授权更是高达43.2万件，其中境内专利授权 34.6 万件，每 1 万人平均拥有发明专利 6.3 件。2018 年全国总共签订技术合同的数量达到了 30.7 万项，这些技术合同成交金额总计接近 1 万亿元，成交金额相较于 2017 年增长幅度接近 15%。此外，从全国登记的重大科技成果数量来看，2014 年数量总计 53 140 项，与 2013 年相比小幅增长了 1.3%。从完成单位的类型看，企业以 22 094 项的数量成为主要的重大科技成果完成单位，占 41.6%。从行业来看，第一位依旧是制造业，占比约为 21%，排在第二位的则是卫生和社会工作业，占比约为 15%，第三位则是农林牧渔业，占比接近 14%，排在第四位的是科学研究和技术服务业，占比约为 12%。

6.2　江苏企业创新现状

6.2.1　江苏企业创新投入与产出的总体表现

在全国科技创新投入产出年年增长的环境下，江苏省作为创新大省，科技创新能力不断增强。江苏依靠省内诸多企业的创新发展区域创新能力领跑全国已达 7 年之久。除了区域创新能力领跑全国，江苏省在 R&D 投入方面也同样领跑全国。根据近些年的数据（表 6.4），江苏省的研发经费投入总量呈现稳步上升的态势，从 2017 年江苏省的研发经费投入总量达到了 2260.1 亿元，相较于 2010 年的 857.9 亿元将近翻了一番。此外，在 2010 年到 2017 年这 8 年之间，江苏省每年研发经费投入额占全国的比重也保持了缓慢增长的状态，从 12.14%缓慢增长到了 12.84%。

表 6.4　2010—2017 年全国及主要省市 R&D 经费投入总额

单位：亿元

	2010	2011	2012	2013	2014	2015	2016	2017
全国	7062.6	8687	10 298.4	11 846.6	13 015.6	14 169.9	15 676.7	17 606.1
江苏	857.9	1 065.5	1 287.9	1 487.4	1 652.8	1 801.2	2 026.9	2 260.1
广东	808.7	1 045.5	1 236.2	1 443.5	1 605.4	1 798.2	2 035.1	2 343.6
北京	821.8	936.6	1 063.4	1185	1 268.8	1 384.0	1 484.6	1 579.7
山东	672	844.4	1 020.3	1 175.8	1 304.1	1 427.2	1 566.1	1 753.0
浙江	494.2	598.1	722.6	817.3	907.9	1 011.2	1 130.6	1 266.3
上海	481.7	597.7	679.5	776.8	862	936.1	1 049.3	1 205.2

数据来源：根据国家统计局历年统计数据整理所得。

尽管江苏省研发经费的投入从总量上看处于全国领跑地位，但是依然要看到一些不足之处，主要体现在研发投入强度上落后于其他部分省级行政区。从纵向比较来看，江苏省的研发投入强度增长率在 2010 年至 2017 年的 8 年间增长速度落后于上海。从横向比较来看，2017 年江苏省 R&D 投入强度虽然高于全国水平的 2.13%，但是相较于上海的 3.93% 和北京的 5.64%，江苏省距这些地区仍有差距。如表 6.5 所示。

表 6.5　2010—2017 年全国及主要省市 R&D 投入强度

	2020	2011	2012	2013	2014	2015	2016	2017
全国	1.76	1.84	1.98	2.08	2.05	2.07	2.11	2.13
江苏	2.07	2.17	2.38	2.51	2.54	2.57	2.66	2.63
广东	1.76	1.96	2.17	2.32	2.37	2.47	2.56	2.61
北京	5.82	5.76	5.95	6.08	5.95	6.01	5.96	5.64
山东	1.72	1.86	2.04	2.15	2.19	2.27	2.34	2.41
浙江	1.78	1.85	2.08	2.18	2.26	2.36	2.43	2.45
上海	2.81	3.11	3.37	3.6	3.66	3.73	3.82	3.93

数据来源：根据国家统计局历年统计数据整理所得。

根据表 6.6 的专利授权量所代表的产出来看，自 2010 年以来，江苏省三种专利申请授权总量呈现波动的态势，主要可分成如下几个区间，在 2010—2012 年这三年间，其总量是稳步增长的，但是在随后两年的时间内，由于外观设计的专利申请授权量大幅度下降，因此三种专利申请授权总量降低，但是发明专利和实用新型专利申请授权量延续了此前一直增长的态势。在 2015 年，三种专利申请授权总量提升幅度较大，然而 2015 年后的两年时间三种专利申请授权总量又接连发生了小幅下滑。从总量的分布来看，实用新型专利和外观设计专利占据了三种专利申请授权总量的绝大部分，其中实用新型专利占据总量的比例更是超过了 50%，相对而言，发明专利的申请授权量所占比重相对较小，但该类专利申请的授权量无论从数量上还是在总量中的占比均为逐年增长的趋势。

表 6.6　2010—2017 年江苏省三种专利申请授权量

项目	2010	2011	2012	2013	2014	2015	2016	2017
申请授权量合计	138 382	199 814	269 944	239 645	200 032	250 290	231 033	227 187
# 发明	7 210	11 043	16 242	16 790	19 671	36 015	40 952	41 518
实用新型	41 161	53 414	77 944	98 246	100 810	119 513	117 827	126 482
外观设计	90 011	135 357	175 758	124 609	79 551	94 762	72 254	59 187
# 非职务	59 588	71 061	68 424	50 663	52 031	—	48 082	39 104
职务	78 794	128 753	201 520	188 982	148 001	—	182 951	188 083
大专院校	6 038	8 373	11 234	12 116	13 003	19 209	19 848	21 330
科研单位	688	1 033	1 128	1 822	1 840	2 377	2 366	2 339
企业	71 781	118 919	186 220	172 787	131 966	16 6445	157 887	161 185

数据来源：根据《江苏统计年鉴》相关数据整理所得。

以 2017 年的数据看，该年江苏省全年授权专利 22.7 万件，其中发明专利约 4.2 万件，在总量中的比例已经达到了 18.3%，而这一比例在 2015 年以前均低于 10%，2014 年也仅达到 9.83%。不仅如此，尽管 2016 年与 2017 年申请授权量减少，但是发明专利却迎头而上，数量一直上升，这些数字的变化反映了自 2016 年以来，江苏省更加专注于发明专利，进行深层次的创新活动，实用新型与外观设计方面的专利申请授权量的增长在某种程度上来说已经无法满足江苏省。此外这些发明专利中约四分之三的数量是职务创新专利申请。另外，从专利申请的对象来看，企业专利申请授权量占总量的比例从 2010 年的 51.9%上升到了 2017 年的 70.9%，企业逐渐成为专利申请的主力军。而由于近年来江苏省为了进一步加大创新力度，充分发挥高校及科研院所的科研优势，大力推动高校与企业的合作创新，这也使得大专院校在专利申请授权数量上出现了长足的进步，大专院校的专利申请授权量占比从 2010 年的 4.4%增长到 2017 年的 9.39%。

考虑到创新的主体多为企业，为此，下面对江苏省企业的科技情况进行分析。表 6.7 反映了 2011—2017 年江苏省规模以上工业企业科技情况，据表可知，有科技活动的企业数量保持了稳定增长的态势，企业版科技机构的数量也保持了一样的态势。并且在进行科技活动的过程中，企业研发经费主要来源于自身，占比一直不低于 95%，在 2017 年占比更是达到了 97.83%，这一数据的提高在很大程度上反映了企业本身越来越重视创新活动。除了创新投入的数据喜人以外，创新产出效果也越来越明显，主要体现在新产品销售收入不断增长，以 2017 年的数据为例，该年度江苏省规模以上工业企业的新产品销售收入达到了 28 579 亿余元，在 2017 年江苏 GDP 中的比例接近 37%。此外，规模以上工业企业的专利申请数量也在不断增长，尤其是发明专利的增速较快。

表 6.7　2011—2017 年江苏省规模以上工业企业科技情况

指标	2011	2 012	2013	2014	2015	2016	2017
企业数（个）	43 368	45 859	48 771	48 708	48 488	47 899	45 413
# 有科技活动的企业数	5265	14 660	15 775	17 788	—	—	—
企业办科技机构个数	9778	16 528	17 996	20 411	21 542	23 564	22 007
R&D 经费来源							
# 政府资金	20.15	22.05	24.07	24.33	24.96	25.53	25.94
企业资金	922.04	1036.65	1192.33	1328.79	1456.27	1610.06	1794.12
境外资金	10.82	8.21	6.4	7.99	7.91	7.75	6.06
其他资金	11.38	13.39	16.79	15.43	17.38	14.20	7.76

续表

指标	2011	2 012	2013	2014	2015	2016	2017
# 技术改造支出总额	650.66	717.89	642.14	603.13	507.20	52.95	469.66
科技活动产出							
新产品销售收入（亿元）	5009.98	17 845.42	19 714.21	23 540.93	24 463.27	28 084.67	28 579.02
企业专利申请数（件）	73 935	84 876	93 518	115 616	102 002	131 284	124 979
# 发明专利数	22 406	27 820	33 090	39 858	37 407	49 229	45 719

数据来源：根据《江苏统计年鉴》相关数据整理所得。

表 6.8 反映了 2011—2017 年江苏省大中型工业企业科技情况。与规模以上工业企业的数据类似，其有科技活动的企业数量和企业办科技机构的数量也呈现逐年增长的态势，并且研发经费也主要依靠企业自身而非政府资金，企业资金在总经费中所占的比例与规模以上企业几乎持平，也在 95%以上，在 2017 年该比例为 97.79%，这也说明不仅规模以上企业注重创新，大中型企业也非常重视企业的创新。从创新的产出效果来看，与规上工业企业类似，江苏省的大中型工业企业创新产出也十分显著并且新产品的销售收入保持增长趋势，同样以 2017 年的数据为例，该年度江苏省大中型工业企业新产品销售收入达到了 22 653.54 亿元，与规模以上工业企业的创新产出差距并不是很大。此外，大中型企业的专利申请数量也呈不断增长的趋势，其中发明专利的增长表现较为显著。

表 6.8　2011—2017 年江苏省大中型工业企业科技情况

指标	2011	2 012	2013	2014	2015	2016	2017
企业数（个）	6 726	7 128	7 316	7 346	7 249	7 267	6 794
有科技活动的企业数	3 518	6 142	5 757	5 909			
企业办科技机构数	4 545	7 395	7 231	7 538	7 432	7 816	7 204
R&D 经费来源							
# 政府资金	13.83	16.19	16.5	16.98	17.42	16.99	16.34

续表

指标	2011	2 012	2013	2014	2015	2016	2017
企业资金	671.02	768.78	856.74	934.52	996.02	1 057.85	1 170.37
境外资金	8.26	7.17	4.6	6.31	6.74	6.39	
其他资金	7.64	10.59	13.33	11.37	12.58	10.36	5.38
技术改造支出总额	524.45	583.63	499.76	486.91	394.24	422.64	386.00
科技活动产出							
新产品销售收入	13 217.37	15 486.97	16 735.09	1 9691.06	20 126.82	22 801.22	22 653.54
企业专利申请数（件）	43 645	47 397	50 776	63 240	55 022	62 744	58 847
# 发明专利数	12 781	15 247	18 052	22 168	20 820	25 212	24 211

数据来源：根据《江苏统计年鉴》相关数据整理所得。

通过上述分析不难看出，江苏省的企业不管是规模以上企业还是大中型企业抑或微小企业，都非常重视创新，它们在江苏省总体创新能力不断攀升的过程中做出了极大贡献。

6.2.2 江苏各市县企业的创新产出比较

根据表 6.9 来看，如果细分到江苏的各个地级市来看，由于江苏省的苏南地区、苏中地区经济较为发达，企业也主要分布在这些地区，因此，江苏省的创新产出成果也主要集中在经济较为发达的苏南、苏中地区。具体来看，南京市的专利授权量在 2010 年至 2017 年的 8 年时间中，从 9 150 件增长到了 32 073 件，不仅增幅达到了 350%，增长也是稳步持续提升；虽然苏州市在全省的地级市中一直处于领跑地位，但是其变化幅度较大，在 2010 年至 2012 年的时间内一直增长，随后两年有所下降，到了 2014 年更是从 2012 年的将近 10 万件减少至不到 6 万件，两年的降幅接近 50%，尽管 2015 有所增长，但 2016 年至 2017 年又有明显下降。究其原因，全面落实国家和省知识产权局要求导致了专利授权量下降，然而从严控制外观设计专利申报数量使得授权专利的质量得以提升。与之类似的还有无锡市、南通市等往年的专利申请授权排名前 5 的市县，这种绝对数量的减少对于江苏省企业并不意味着其创新水平的下降，反而由于江苏省全面落实国家和省知识产权局要求，控制了专利的申请质量，质量的提升会最终提高江苏省的创新水平。

表 6.9　2010—2017 年江苏省各市县专利申请授权量

市县	2010	2012	2013	2014	2015	2016	2017
南京市	9 150	18 561	19 484	22 844	28 104	28 782	32 073
无锡市	26 448	51 442	39 828	27 937	34 776	29 865	28 926
徐州市	4 928	10 000	10 647	8 468	8 599	11 458	10 523
常州市	9 093	15 379	18 207	18 152	21 585	17 790	16 423
苏州市	46 109	98 430	81 666	54 709	62 263	53 528	53 223
南通市	22 644	36 245	22 086	12 391	25 970	24 337	19 057
连云港市	1 274	3 940	4 410	6 341	5 144	4 599	6 311
淮安市	1 170	3 140	4 573	6 663	9 365	8 081	7 331
盐城市	2 499	4 964	4 718	4 549	7 840	8 076	10 017
扬州市	3 790	8 091	11 416	11 843	13 948	13 253	14 214
镇江市	6 562	9 235	9 809	12 707	14 136	13 836	14 825
泰州市	4 198	8 414	8 309	9 118	13 383	12 489	9 924
宿迁市	509	2 095	4 488	4 306	5 151	4 910	4 368

数据来源：根据《江苏统计年鉴》相关数据整理所得。

从专利申请授权量来看，2017 年苏州的专利申请授权量在整个江苏省的专利申请授权总量中所占比重高达 23.42%，远远领先其他市县。此后依次为南京（14.12%）、无锡（12.73%）、南通（8.93%）、常州（7.23%）、镇江（6.52%）等，这些数据与这些地区的经济发展水平还是较为相符的。

综上所述，在全国范围来看江苏省企业无论是创新投入还是创新产出都是处于领先位置的，对江苏省的各市县进行进一步比较发现，创新企业多集中于苏州、无锡、南京、常州等地，而这些企业大多为后发企业。为此，下文在实证分析动态技能对江苏后发企业创新模式选择的影响研究时，对于调查问卷的发放地点也会更多侧重于上述各地市。

6.3 江苏后发企业创新路径选择

6.3.1 创新对江苏后发企业成长的影响

因为后发企业往往自身存在劣势，比如积累的能力存在缺陷，不及先发企业，所以通过创新实现自己占有更大市场份额，获取更多利润的目标需要依靠以下两种途径：一是寻求与行业内外的垄断厂商合并，借助垄断厂商多年来积累的资金、市场方面的优势实现自身的发展；二是借助外部资金为企业成长添砖加瓦。

2013 年，江苏省公布了创新型中小企业涉及的行业，主要包括了新能源、新材料、机械制造、节能环保、软件等行业，其中大部分行业都在形成或者已经形成了垄断的局面。宋建元（2005）指出，已建立企业往往被新进入企业的破坏性创新淘汰出局。新进入的企业往往具有前一代企业所没有的创新的组织规章、战略目标、经营策略与激励机制。前一代建立的种种制度囿于时代变迁，市场再细分等因素影响，只能与上一代技术轨道后期的维持性创新相适应。而因为前一代技术轨道积累的经验很可能与当前环境并不适应，若是按这样的逻辑继续反而会成为与其他企业新一轮竞争中的绊脚石。上述行为在企业兼并上表现为寡头企业对具有颠覆性创新能力的后发企业的兼并。寡头企业兼并的主要目标是在于避免后发企业所掌握的颠覆性创新成果被竞争对手所利用，威胁其自身的地位，而兼并带来的新的市场以及技术、新的差异化竞争优势就显得无足轻重了。产生这种兼并的原因在于，寡头企业已经在产业占有较大份额，生产规模，上下游协调都存在相关利益，导致出现破坏性创新时产生的沉没成本较大，与此同时，在寡头企业内部，由于知识存在累积效应，企业内部劳动者知识出现局限化，其内部产品的研发具有较强的惯性，在产品差异的创新方面更多的是维持性创新。垄断方加强对相关行业后发企业的控制或者直接将其兼并是避免产生这种困境的一种重要手段。对有破坏性创新的企业的兼并可以避免专用性资产的减值或报废，同时此创新可能与现在企业的技术知识存在互补可能，兼并可以拓宽企业知识的深度与广度，以新角度思考问题，打破研发惯性，并且可以实现企业资源的重新配置，提高企业资产与人员的利用效率。

从被兼并者的角度看，后发企业将其破坏性创新的差异化产品投入市场时，新技术与前一代产品的代差理论上可以形成新的垄断，并继续生产形成良性循环，逐步占领市场。但是现实情况下，后发企业受制于资本规模、品牌和营销渠道，多数企业无法按预期确定产量，不足以在市场掀起风浪。通过被兼并，利用垄断者的资金、销售渠道可以实现自身创新产品的规模化生产，更有经济前景，因此被兼并也是一个有利的选择。

当然，后发企业在研究其破坏性创新并将其商品化过程中，能够获得比如市场营销、现金流输送等方面的支持，也可以以其优势实现对市场份额的攫取，对领先企业进行追赶，避免被兼并的命运。但观察宏观环境，后发企业从银行获得融资并成为行业新星的可能性较小。

6.3.2　当前江苏后发企业的基本创新路径

从江苏省发布的公开资料查询相关数据可知，截至 2014 年，江苏省境内约 170 万家后发中小企业占到省内企业总数的 99%。在这些后发中小企业中，约 82%的劳动密集型企业占有率为第一，约 11%的资本密集型企业占有率其次，接下来是约占 4%的科技创新型中小企业和约占 3%的其他服务型中小企业。从企业创新的角度看，与规模以上工业企业及大中型企业相比，江苏省中小企业专利新产品存量和增量都较低。从以上数据整理分析可知，资本密集型企业和科技创新型企业占有率都较低，由此可得出目前江苏中小企业自主创新能力不强，在没有政策引导和资本推动的情况下难以实现自主创新。

企业创新分为维持性创新和破坏性创新。Christensen（1997）认为维持性创新指对现有技术进步路径有着维持性影响的创新，从现有市场主流用户关注的方面对产品性能进行不断的改进和提升，以此更加精准地来满足用户要求。破坏性创新通俗来讲就是市场化创新，是对现有产品和服务主流市场的背离。破坏性创新的侧重点并不在于提供更好的产品或服务，而是在现有产品的基础上进行颠覆性的创新。低端市场破坏和新市场破坏为破坏性创新的两大类。无论是低端市场破坏性创新还是新市场破坏性创新，所使用的技术在初期可能低于老技术水平，而且产品性能可能比主流市场上已有的产品简单，但重要的是其产品具有新用户喜欢的其他优点，例如价格便宜等优点。

不同创新类型之间能够通过创新的动力来进行明显的区分。借助科学技术的发展从而扩展目前技术路径下产品的属性和功能，而且能给现有客户群带来新的消费体验，进一步维持并扩大现有的目标客户群体，由此实现现有技术条件下实物资产价值的合理回收和增值，以上是对于维持性创新的动力。为了实现以更低的成本来发挥高端产品所具有的属性和功能是破坏性创新的主要动力，此外通过科技创新进而开拓新的市场，特别是低端市场，也可以看作破坏性创新的动力。

从驱动因素来看，较大的差异也存在于维持型创新和破坏性创新的发展路径上。维持和扩大现有主流市场、主流产品和主流技术的市场地位是维持性创新的巨大优势。而破坏性创新更加注重个性化发展，一定程度上会挖掘出主流市场用户所不重视的属性，着重发展潜力用户和少数偏离主流功能用户所看重的属性，破坏性创新的持续发展可以对现有的技术路径和路径所对应的实物资产的价值构成颠覆性的影响，如果发展得当甚至能够使颠覆性创新的产品和技术占据主流市场。

企业实物资产和现有技术之间的关联程度极大地影响了创新路径选择的过程。第一种情况是，当企业主要的实物资产都成为使用现有主流技术生产的特定性资产时，企业选择维持性创新而反对破坏性科技创新。这是因为如果采用维持性创新，现有设备可以通过维持型创新继续保持生产，使得现有资产不至于被快速淘汰造成资产损失。反之，当企业现有的生产资料落后或者即将被淘汰，与现有主流生产资料关联度低，在这种情况下企业采用破坏性创新成本较小，也更加容易实现。

从历史上看，江苏省众多中小企业抓住了改革开放的机遇，承接跨国公司外包业务一步步由小做大。虽然通过投资获得了一定程度上的发展，但是相比于国外的跨国公司，江苏省的中小企业无疑各方面都落后。产品设计、研发和品牌营销等高技术高附加值的工作环节被外国企业牢牢把控。当地中小企业主要从事组装加工等劳动密集型工作，费时费力且收入较低。并且众多中小企业使用国外垄断厂商开发技术，付出了高额的专利使用费。但是短期之内无法打破现有的技术垄断导致不论是企业进行维持型创新还是破坏性创新都无法取得颠覆性的成果。

江苏省在 2013 年公布的中小企业创新能力建设示范企业有 100 家，中小企业创新能力建设重点培育企业 70 家。这 170 家创新型企业主要分布在新材料、软件、机械制造、节能环保、新能源等高新技术行业。由此可以看出，对于企业实物资产专用性较强、人员技术知识的积累很难短时间有极大提升、破坏性创新的复杂程度较高、风险较大的机械制造行业而言，破坏性创新很可能对企业日常经营产生重大影响，因此维持性创新是较为明智且现实的选择。反之，对于专用性实物资产在企业总资产中所占比重较低，产品更新迭代速度较快的软件行业的企业而言，破坏性创新成本相对较低，也相对容易实现。企业内拥有较高专业技术知识的科技人员的高科技中小企业、新能源与节能环保行业的这类企业多为新设立企业，资产专用性较弱，进行破坏性创新的成本较低，维持型创新的需要并不大，在这种情况下此类企业多会采用破坏型创新来进行转型发展。

上述论证了对于特定的创新类高科技后发企业而言，在吸引外部资金投资或者颠覆性成果的可能性上看，破坏性创新都要优于维持型创新。江苏省因为历史原因创业营商环境浓厚，因此小企业数量占到了总企业数量的绝大多数。对于大多数初创企业而言，破坏性创新被后发中小企业广泛地使用说明了破坏型创新是能使后发中小企业快速发展占领市场的较优选择。

第七章　江苏企业创新路径选择的实证研究

本书首先在江苏企业创新路径选择影响因素的基础上，根据相关的理论研究提出本研究假设，再用实证研究证明本研究假设。本章内容的具体安排如下：首先提出研究假设，接下来介绍问卷设计的过程，并说明如何对变量进行测量，然后根据变量的量表形成最初的调查问卷，经过预调研测试，形成最终的调查问卷；最后阐述数据获取过程、样本分布情况、数据的描述性统计量和所使用的统计分析方法。

7.1　研究假设的提出

基于已有的相关研究中，学界从动态技能与企业科技创新、非科技创新及对创新要素、市场引导等的关系方面提出假设并展开研究。以往的研究表明，动态技能与企业科技创新之间的关系受到学者们的高度重视。虽然学者们有不同的切入点，但他们普遍认为动态技能在促进企业科技创新中发挥着重要作用。基于科技创新实际上是企业各要素的重新组合，其资源配置能力是企业自身的科技创新水平的折射。企业越有能力进行科技创新，越能进行资源配置。Li（2008）提出，企业组织中需要动态技能这种隐藏的高层次能力，它帮助公司学习最新知识，重组企业资产，从而构建出新的组织能力，再更好地面临不断变化的外部市场环境。Winter（2008）认为，企业科技创新需要动态技能来帮助提供发展的环境，而 Eisenhardt 和 Martin（2000）则认为，科技创新能力是企业科技创新活动发展必不可少的，而这种能力的建立将出现诸多挑战，所以如果想解决这些问题最好利用企业的柔性能力。通过案例分析，Ellone 等（2004）认为，动态技能强的企业将有效地将自身现有的能力与其他维度的能力结合起来，从而推动创新活动的发展。因此，动态技能对科技创新具有显著的推动作用。因此，本研究提出以下假设。

H1：动态技能对后发企业科技创新表现出显著的正向影响。

学术界也对企业动态技能与科技创新的联系进行了探索。在当前瞬息万变的市场形势下，龙头企业很容易失去其竞争优势。此时，后发企业可以利用敏感的信息感知能力和市场识别能力，获得不断变化的市场需求的机会，从而进行创新。不仅如此，企业动态技能可以促进后来者在市场上进行创新。后来者的信息感知能力，大部分体现在理解当前市场需要什么，竞争者的总体情形是怎样的。贺小刚等人（2006）提出，市场识别能力体现在企业能不能发现内外市场需求变化带来的新的机会，发现什么商品在市场可以存活，从而进一步优化生产特点明显并且符合市场容量的商品。尽管可以说，企业持续健康发展的必要基础是技术上的改革，然而发展较晚的中小企业应根据已有基础合适地进行非科技创新，来满足动态市场。因为企业竞争力的核心是它的强大的生产能力和相对完善的营销网络，鉴于关键技术难以更改，只要企业改善自已的生产熟练度和精准度，根据市场环境，还可以靠足够了解市场，结合已有的组织学习能力，来进一步改造产品的外貌、体积和色泽，从而迎合市场的口味。因此，本研究得到以下假设。

H2：动态技能对后发企业非科技创新表现出显著的正向影响。

另一方面，对动态技能与创新要素关系的已有研究也不多。根据Vernon（1979）、苏静勤等（2010）、吴永志等（2011）和罗昌元等（2012）的文献显示，人力资源、技术、财力等成分构成了创新要素，这些资源的配置直接影响着现阶段企业的发展规模。企业规模越大，其要素优势越好，才能更有利于其吸收更多的创新要素。罗巧等（2009）研究发现，企业的动态技能影响着其在动态发展的市场环境能怎样扩张企业规模，吸收足够的创新要素。但是，资金不足、技术落后、人才匮乏等内部资源缺乏的危机在后发企业常常存在，因此难以承担资金需求过高的项目。资源配置能力、感知能力、制造能力和组织学习能力主要组成了企业的动态技能。这些有利于促进后期企业提高规模和积累资源。据吴佩等（2013）说，目前后发企业的规模还达不到龙头企业，但它们能够发掘市场潜在需求，更新产品并迎合市场需求的变化，赢得客户与市场资源。这本质上是能力的两个维度的结合。曾萍（2009）认为，后发企业需要资源配置能力合理配置内外部资源，最大限度地提高企业资源效率，从而达到企业规模经济。后发展企业的创新机制是灵活的，它强调并激励员工进行创新，提高了企业创新的氛围，让优秀员工得以发挥潜能，培养了人才资本，提高员工规模，这都是靠着组织创新的能力。不仅如此，后发企业具有较强的模仿能力和创新能力，产品更新换代快。它们可以吸取经验，将最新的知识和设计引入市场，更多地创新，有效地扩大企业规模。因此，本研究提出以下假设。

H3：动态技能对后发企业获取创新要素表现出显著的正向影响。

Narver 和 Slater（1990）认为，市场引导实际上是一种企业文化。如果企业能在这种企业文化中实现给客户创造非凡价值的承诺，那么它将来就可以达到不错的业绩。企业的市场引导包括三个方面：以客户为导向、以竞争对手为导向和部门间的协调。所以，面向市场的组件维度对企业的收集、转换和响应能力有更高的要求，而这些功能的要求与企业动态技能的构成要素密切相关。首先，环境适应性是指企业先要发现企业外界市场环境存在一些变化，从而有效整合外部市场需求和内部资源。企业的信息感知能力是指企业有能力发现和积累消费者需求和企业商业对手的相关信息。在这些信息的基础上，然后做出调整，来更有效地进行企业内资源的配置与整合，这正是企业的资源配置能力。其次，信息收集在组织响应中起着重要的作用。企业通过收集有价值的外部信息和进一步的自身的学习，从而将有价值的信息吸收为企业内智力资源，并将其用于之后的经营。最后，市场引导表明，需要将销售方式与经营战略不断进步，才能符合消费者需求的改变，满足企业的发展需求。这也是一项不间断的创新行为，这意味着企业的产品或服务可以拉开差距，获得竞争优势，但这个由企业动态技能所决定。由此可见，市场引导的良好运行紧密关联着动态技能的促进，本研究提出以下假设。

H4：动态技能对后发企业实际市场引导表现出显著的正向影响。

科技创新理论研究自熊彼特阐述科技创新理念开始已经走过 100 年，但对创新要素与创新路径的关系学术界尚未达成共识。蒋再文等（2011）提出，创新要素是企业创新的根基，有利于企业扩大其规模，进一步发展。虽然至今为止，熊彼特的大企业优势理论在学术界得到广泛接受，即创新要素的丰富程度与企业规模正向联系，这意味着企业越有该方面的资源，越有能力进行技术上的创新。汪涛等（2013）、董保宝等（2011）认为，大企业的垄断性使得其可以获得更多更全的创新要素，从而比中小企业更有机会进行创新。不仅如此，大企业的资金和人力资本使得其可以抵御外界风险，减轻创新风险，帮助其减少创新成本，增加成功概率，从而更有可能从规模经济中收益。但是后起之秀的中小企业本身是存在资金不足、人才匮乏和技术落后等问题的，即使它们可以及时根据市场变动进行调节并且学习和模仿，也不一定能实现预期效果。所以，在过度创新可能带来的风险的情况下，后发企业不一定适合进行技术上的创新，两者可能反向联系，所以本研究提出以下假设。

H5：创新要素对后发企业选择科技创新路径表现出显著的负向 影响。

进一步地，通过研究可以发现，中小企业规模适合非科技创新是学界广泛同意的。李勇辉等（2014）发现，现阶段后发企业受其规模和资源的限制适合非科技创新，而科技创新主要靠大企业的巨额投入，中小企业一般是后起之秀。徐雨森等（2013）发现，后发者本身并不富有，他们中的大多数无法承担巨大的研发费用和潜在的高风险领域。因此，非科技创新是后发企业基于现实的选择。激烈的市场竞争让企业不得不创新。大型企业在非科技创新时，由于企业本身架构和运行方式，会经历一些困难，例如企业的重新组织和各方沟通利益，产生较大的成本。另外，后发企业的企业规模小并且其市场较小，范围也受限，因此企业经营的流程不多，障碍也不多，相对而言其结构也比较柔性，可以随时适应外部变化，这些都是企业进行创新的前提。张红等（2011）认为，后发企业有能力进行自我学习和非科技创新，即便其创新要素可能不足，或者在过程中发生偏离，也可以自我调整并且进一步发展。所以可以认为，后发企业已有的特点和结构更有利于其进行非科技创新，由此提出以下假设。

H6：创新要素对后发企业选择非科技创新路径表现出显著的正向影响。

纵观过去研究，学者们关于市场引导和科技创新路径之间的研究众说纷纭。一部分人认为，市场引导负面地影响着企业破坏性创新；另一部分人认为市场引导正向影响着企业的增量创新。Park（2006）提出，市场引导阻碍着颠覆性创新的发展。市场引导性强，企业难以及时响应市场需求。很多企业很难在开发产品时足够考虑到实际的市场需求，虽然部分消费者缺乏专业知识去明确表达他们的实际需要。同时，客户不一定喜欢新的产品，而是更习惯于已有产品。不仅如此，Marsili（2002）认为，市场引导会有利于企业逐渐进行创新，然而不利于产品的新鲜程度。所以，市场引导性强的企业更愿意进行渐进式创新，而不是颠覆式创新。以市场为导向的企业常常会密切发现消费者已有的需求，让企业首先考虑适应性学习，这正符合后来者的科技创新方式。后发企业靠着不断地模仿和创新，实现自身的渐进式发展。所以，本研究以渐进式创新取代后发企业科技创新的路径，提出以下假设。

H7：市场引导对后发企业的科技创新具有显著的正向影响。

由于市场需求随着顾客消费习惯的改变而改变，又决定着后发企业的非科技创新的方向，因此企业应做好市场时刻变动的准备，把创新作为企业正常运行中的一部分。后发企业管理层在企业规模小的基础上可以根据市场需求的变动及时调整其决策，迎合消费者不断变化的需求。后发企业在其刚开始发展的阶段，有必要将创新尽量纳入其发展战略中，并且由于其受规模限制不适合科技创新，因此最好是主要进行非科技创新。此外，企业在创新的帮助下可以对其产品进行改善，包括对公司相关组织结构、营销方法、商业模式的优化，从而更加符合市场柔性需求。创业型企业已经初步善于营销，可以将非科技创新纳入其后续发展战略中。由此，本研究得出以下假设。

H8：市场引导对后发企业的非科技创新具有显著的正向影响。

总结以上研究可知，本书在后发企业创新模式选择的相关的原因的基础上，提出了一系列研究假设，这些假设主要是根据市场引导、动态技能与创新要素、创新路径选择三者之间的各项关系提出的。

7.2　问卷设计

7.2.1　问卷内容

本研究在上文中对动态环境、创新要素、市场引导等变量进行了详细的探讨，由于测度这些变量所需的数据无法从公开资料中获得，所以，本研究主要依靠调查问卷的方式采集所需要的数据，对于调查问卷设计，主要围绕本研究所提出的问题进行设计，研究各问题的目的和内容，所设计的调查问卷包括了三个方面的基本内容，即动态技能的测度、科技创新与非科技创新的测度及创新要素与市场引导的测度。

7.2.2　问卷设计过程

本问卷测度度量指标的开发参考了部分学者（Churchill，1979；Dunn，Seaker & waller，1994；Gerbing & Anderson，1988）的建议，采用如下流程进行：首先，初始测度度量指标根据文献与调查建立；其次，通过学术界专家研讨来完善指标；再次，和专家进一步探讨；最后，在预测试基础上纯化指标，来设立最终问卷度量指标。本研究问卷有下列阶段。

第一阶段：设计测度度量指标。本研究在研究过去企业动态环境、创新及其资源、市场引导等文献的基础上，学习其有关实证的变量指标测度，并由此建立本研究的实证变量和测度指标。由于多度量指标测度的一致性有利于其准确度（Churchill，1979），本研究以下问卷调查多采用多变量指标测度来改善指标的精准性。

第二阶段：通过专家研讨来完善测度指标。本研究的专家是指参与撰写本研究的学术团队里的一位教授、两位副教授、四位讲师和三位研究生。我们通过咨询与探讨主要试图分析测度变量间的逻辑结构。通过专家指点来改善指标设计，例如指标该如何定义、指标该如何分类、哪些指标是多余的和还需要增添哪些指标等。在专家意见的基础上，撰写出第二份调查问卷。

第三阶段：与企业内专家研讨改善测度度量指标。本研究选取了6家总部分别位于苏州、南京、无锡的相关企业，企业的业务范围包括通信行业、电子设备行业以及家电行业。通过和这三位企业中高管进行探讨，可以进一步地理解变量间的关系该如何处理，即本研究的变量间逻辑架构。还可以研究该如何设定最初的变量，问卷中变量是否易于理解，是否与实际吻合。于是，在此基础上，可以由问卷调查第二稿改进出第三稿。

第四阶段：在预测试的基础上形成最后的问卷调查测度。可以将问卷用邮件或者实地发放这两种方式发放到30家目标企业，由他们进行预测试，再由他们的反馈意见完善问卷调查第三稿，从而形成了终稿。

7.2.3　防止偏差的措施

Likert 5 点量表是本研究的主要测度指标，被调查者根据他们的主观意愿回答问卷，所以问卷精确度不足，存在一定的误差。Fowler（1988）提出，有四个因素是可能的误差的来源，有：回答者没有理解问卷里题目；回答者无法确切地想出相关答案；回答者即便知道答案，也不愿意说出来；回答者根本不知道问卷答案。研究人员可以做一些相关行为来改善以上的误差。

本研究通过对受访者在企业的工作年限设定为至少已工作三年来减少受访者不理解问卷里问题的可能性，并且将此作为认定问卷有效性的分类标准。不仅如此，我们还延长了受访者完成调查问卷的时间来尽力防止出现由于时间不够导致的被调查者无法有足够时间思考而准确性降低的情况。而且，为了防止问卷应答者对太久以前的事情已经记忆模糊，所以本研究选择企业最近三至五年内发生的问题，并且以主观评价为主。本研究还在卷首标明了本问卷调查只用于学术研究，不出于一切商业目的也不涉及一切商业机密，并且一切信息都会保密。为了避免受访者对问卷题目理解困难，本研究实行了预测试，即先请学术界和企业界专家进行测试并给出建议，再根据建议修改问卷的措辞，使得问卷易于理解，减少语意不清等问题，从而降低由于不理解问卷度量指标所造成的误差结果。

7.3　变量测度

7.3.1　动态技能的测度

已有文献关于动态技能的测量包括两种，一种是间接度量法。这是企业间接地根据其对外界风险和内部结构风险的抵抗能力来衡量其动态技能（Helfat，1997）。全球化的动态技能可以用公司已有的能够对其合作者产生影响程度的能力来衡量（Barney，1991）。第二种是简化度量法。企业动态技能也可以用企业新产品开发数量来衡量（Pavlou & Sawy，2006）。企业创业方向、全球绩效与其动态技能间的关系可以用企业前三年筹办项目的能力来衡量（Eisenhardt，2000）。第三种是构成要素度量法。和前两者的侧面衡量相比，第三种方法更能精准度量企业动态技能并适应目前已有的定量分析的潮流。过去学者们较少地研究动态技能的维度，主要是分析和研究过程中的某个角度，而现在本研究想填充这部分空白，从定量分析入手进行要素度量法。

随着研究的层层递进，已有研究主要聚焦于动态技能是如何形成的，机理是什么，但是缺乏对其架构维度和理论框架的分析。虽然学术界对动态技能的定义、方式和结果有着各个维度的研究，比较全面和深入，但是可能存在一些最后结果上的偏离，从而不利于动态技能的理论创新和发展。回归已有文献，目前尚未对动态技能及其维度形成一致看法。

Teece 等学者在 1997 年首次对动态技能进行了界定，即是企业在外部环境不断变化的基础上，重组与整合内外部的一种能力。动态技能是蕴含于企业日常管理和经营过程中的，是对企业的整合、重构、协调、学习与转变。其可以划分为两个主要的基本构成：内部组织与外部感知能力。虽然他是首个提出此框架的学者，之后并没有基于此形成有效的相关理论体系来对动态技能进行测量。Eisenhardt 和 Martin（2000）另辟蹊径，提出整合、重构、获取和释放是企业对资源有效利用的一个流程，由此可以适应市场的不断变化，再根据以上四流程发展出四个构成要素，即重构、释放、整合和获取。

Schreyogg 和 Kliesch-Eberl（2007）在之前模型的基础上，认为重构转变、内部学习、整合协调能用来测算企业的动态技能，并且他们对此演变路径进行了分析和研究。Wang 和 Ahmed（2007）认为，企业适应环境、吸收知识和创新能力共同构成了其动态技能，适应能力包括其整合与重组已有资源并且吸收外界要素并进步的能力；创新则是指企业已有的整合与重组资源；吸收外界环境的能力是指向外界学习并且转化为自己能力的一种能力；创新能力是指开发新产品、新市场的能力。

Daniel 和 Wilson（2003）提出了两大类八个动态技能，包括业务创新（快速决策、制定战略、可靠方案、获得资金）和新旧项目连接能力（维稳系统、整合各个渠道、电子化战略、电商平台）。Calogherou 等（2004）研究希腊企业后得出企业学习、组织变化和协调构成了动态技能，并且构成相关模型用来进一步研究。

Pavlou 和 Sawy（2006）提出，动态技能帮助企业积累资源，面对外界不断变化的环境。比如它让企业可以吸收知识、整理组织、识别外界并且协调管理。Prieto 等（2008）提出，动态技能由知识的产生、积累和重塑形成，进而得到一个测度量表，可以对开发新产品流程中的动态技能进行衡量。

国内对此探讨开始得比较落后，目前研究动态能力的组成部分是一个大趋势。部分学者从理论分析角度出发，郑刚等（2007）提出，企业文化、总资产、进步方式、运营方式和技术情况共同组成企业动态技能。焦豪等（2008）有不一样的分法，认为发现外界、管理组织、创新和技术变化是构成动态能力的部分。郑素丽等（2010）认为企业创新即吸收并产生智力资本从而迎合市场需求是其动态技能，可以从知识的获取、整合和创造来衡量动态技能。李正卫和潘文安（2011）提出，发掘市场需求、学习新的技术以及分配资源构成了动态技能。另外一部分学者从实证方法进行研究。郑钊等（2008）在“质性研究方法”的基础上，实证检验东风汽车公司的动态技能和其竞争优势的关联关系，认为学习、协调和重构组成了动态技能。罗珉等（2009）在模糊聚类分析法的基础上将动态技能分为社会网络、学习组织、发现市场和整合协调这四个能力。曾萍（2009）认为动态技能包括重组和协调这两个方向，一方面公司内外要协调整合，另一方面要重组企业资产并且做好转型的准备。林萍（2009）提出了设计量表，她认为可以用发现机会、学习知识、迎合市场、变动组织和防范风险来重组资源，进行企业动态技能的落实。

在查询了国内外研究的基础上，我们发现，目前国外学者和国内学者对于动态技能的量表还没有统一的观点。本研究主要参考了 Teece 提出的量表并在 Teece 的研究基础上结合本研究的实际情况进行相应的改善，该量表之所以能够得到学界的普遍认可，其原因就在于它是在不断完善的过程中归纳整理得出的。Teece 的量表共用 15 个题项来测量动态技能的环境适应能力维度、信息感知能力维度、资源重构能力维度、组织学习能力维度。这 15 个维度分别是："企业高度关注市场、消费者与竞争对手状况的变化分配资源于营销活动""企业善于根据市场外部条件变化做出快速反应并适应发展""企业在利用市场和产品的业务能力上对外界机会产生反应"共同反映了 DA1 – DA3，即环境适应能力；"及时感知环境变化的信息的能力""及时感知外部市场的信息的能力""及时感知最新技术的信息的能力""及时感知利益相关者的信息的能力"共同衡量 DA4 – DA7，即信息感知能力；"运营流程可以根据环境变化而调整""资产结构可根据环境变化而调整""组织模式可以根据环境变化而调整""产品生产可以根据环境变化而调整"共同代表来体现了 DA8 – DA11，即资源重构能力；"重视学习并激励员工创新的能力""将最新的知识应用生产的能力""容易从各部门获取各种知识的能力""企业产品开发知识是行业全新的"四条来衡量 DA12 – DA15，即组织学习能力。

7.3.2 科技创新与非科技创新的测度

任何创新研究的难点就是关于创新的测度（Christine et al.，2003）。传统在企业层面有两种测度创新的方法，一个方法表现在公共领域，如 R&D 支出、申请专利和新产品发布数量，或者用某个时期所引入的新产品或服务的数量来测度（Damanpour，1991）。另一个方法就是采用更广泛的指标，例如使用技术、研究和开发人员的比例，或者用平均百名雇员新产品开发数量来测度产品创新（Sanchez & McKinley，1998），或者在过去的3 ~ 5年内新产品发布创造的销售额和利润（Tidd，2001），本书在结合前人研究的基础上，主要从科技创新与非科技创新两个方面对创新进行测度。

7.3.2.1 科技创新的测度

学界已有研究指出，目前对科技创新定义的研究尚未形成共识，即便已从各个方面进行分析。所以，关于科技创新测度的实证指标也没有形成，最常用的是孙永风（2007）在文献中提及的测量表，根据我国国情和已有实证检验得出的可靠的表。从该表可以看出，科技创新（TA1 — TA4）可用“企业创新活动中引入巧开发新技术”“企业注重购买专利并加大研发投入”“企业引入了新产品并进行二次创新”和“企业自主创新技术并拓展现有市场”等四条来描述。

7.3.2.2 非科技创新的测度

从目前的文献来看，国内外学者对动态技能量表还没有形成统一的认识。在本研究中，我们借鉴了提斯的量表，并对其进行了相应的改进。在不断改进的过程中，对量表进行了归纳整理，得到了学术界的普遍认可。尺度表明，环境适应性（DA1 — DA3）可以描述为“企业可以利用产品和市场的经营能力对外部机会做出反应”“企业关注市场、消费者和竞争对手的变化，并将资源分配给营销活动”和“企业善于快速应对外部市场条件的变化和适应发展”；信息感知能力（DA4 — DA7）是通过“企业能够及时感知最新技术的信息”“企业能够及时感知外部市场信息”“企业能够及时感知环境变化信息”“企业能够及时感知利益相关者信息”来衡量的；资源重构能力（DA8 — DA11）由“企业经营过程可以基于环境变化”来衡量，组织学习能力（DA12 — DA15）包括“企业高度重视学习和鼓励员工创新”“企业容易从各部门获取各种知识”“企业可以根据环境变化调整其资产结构”“企业产品生产可以根据环境变化进行调整”“企业可以将最新知识应用于生产”“企业产品开发知识在行业中是全新的”。用15个项目来测量动态技能的4个维度。

与科技创新指标类似，非科技创新要素也有很大因素会对其产生影响，对于非科技创新的影响因素，不同的学者对其都从不同的角度进行了探究，主要是从以下几个方面进行研究的，如商业模式创新、管理模式创新和体制机制创新等，但是学者们对于非科技创新的指标并没有得出一致结论，因此，本研究借鉴李勇辉（2014）的研究成果，通过其最新的研究，对非科技创新要素进行优化，最终我们将非科技创新的测量指标归纳为以下四个方面：第一，企业经营观念的逐步改变；第二，企业不断地推出新颖的营销策略；第三，企业对消费者的服务质量不断提高；第四，企业能够不断适应环境的变化来改变其管理模式。

7.3.3 创新要素与市场引导

通过国内外的相关研究，本研究发现大多数企业创新都是依靠企业的多个因素形成的，所以，为了探究本研究的问题和观点，还需要考虑几个对企业创新影响较大的因素如创新要素与市场引导等进行分析。

7.3.3.1 创新要素的测度

已有研究显示，创新要素直接影响着企业规模，如果企业规模够大，则其创新要素的吸收有着绝对的优势。但由于后发企业是本研究的对象，已有规模有限，相应的创新要素也不足。甘志华等（2013）认为，对创新要素的定量研究可以通过营销、企业资本和人力资源三个指标来衡量，但目前还没有相应的衡量尺度。吴燕冰、徐春华等（2007）从企业规模的衡量指标来看，认为企业总资产、市场销售额和员工数量这三个指标能更好地反映创新要素的衡量指标，这与创新要素和企业规模的对应关系相一致。因此，本研究通过对企业规模的测算来衡量企业的创新要素。

通过梳理以往的研究，我们可以发现企业规模也会与企业的创新要素有着直接的关系，企业的规模越大，其就有足够的资源和资本使创新要素向它这里聚集。但是，由于本研究的对象属于后发企业，它们并没有足够的资源和能力对创新要素进行积累，所以属于创新要素并不充足。甘志华等（2013）研究发现企业的创新要素可以通过人才资源、市场经营和企业的资本进行度量，但是现有研究并没有具体的度量指标。吴延兵（2007）、徐春华等（2014）从企业规模的视角出发，他们认为企业的员工在职人数，总资产和市场销售额这三个指标可以体现企业的创新要素所需要的因素，其可以体现企业的创新能力，所以创新要素可以和企业规模相互对应，所以可以用企业规模的衡量指标来表示企业的创新要素水平。

合理确定企业规模具有重要意义。关于企业规模定义的研究，已有很多结论，可以概括为两个方面。一方面是投入，认为劳动力、生产要素和最终产品的内部集中形成了企业规模，另一方面是产出，指出企业开展经营活动的空间广度形成了企业规模。学界一般用企业的总资产、员工数量或年产量来计算企业的规模，这也是结合企业经营水平、竞争者水平和内外部环境等各种原因的最终成果。Scherer（1965）认为销售额、资产总额和员工人数这三个可以用来作为衡量企业规模的变量。目前，企业规模的最佳代理变量都认为是销售额。所以，本研究运用企业销售、总资产和员工数三个企业规模指标来衡量创新要素，即创新要素（IA1 — IA3）：“企业销售有每年上升的空间”“企业总资产保持在较高水平”“企业年平均员工数合理”。

7.3.3.2 市场引导的测度

根据市场引导，基于客户和竞争对手以及各部门协调三个方向的由 Narver 和 Slater（1990）开发的 MKTOR 量表得到了学者们的大规模认同，所以本研究依旧沿袭此惯例，从以下几个角度衡量了市场引导的三个维度：顾客导向（MA1 — MA4）用“企业十分重视顾客的需求和满意度”“企业可以系统评价顾客满意度”“企业积极地改善产品售后服务”“企业高度重视顾客承诺的履行”四条来描述；竞争者导向（MA5 — MA8）用“企业能够迅速回应竞争者的行动”“企业重视竞争者信息在内部共享”“企业高层管理关注竞争者优劣势”“企业在目标顾客方面有竞争优势”四条来衡量；各部门协调（MA9 — MA12）用“企业各部门能够有效共享顾客资源”“企业各部门能够密切协作创造价值”“企业各部门能够时刻关注市场信息”“企业各部门能够参与新产品的开发”等来体现。

在对市场定位、创新要素、技术与非科技创新和动态技能进行理论研究和规模研究的基础上，得出本研究所需的完整的可变规模和计量项目。

7.4 样本描述

本次调研对象是苏州、镇江、淮安、扬州、徐州、南通、无锡、南京、常州和连云港等 10 个地市里的 300 家企业。我们通过在调研中选择了苏南、苏中和苏北三个地区的企业来消除区域经济发展的差异而导致的系统偏差。因为公司的各方面情况在本研究的调查内容有提及，所以调查对象是在企业任职超过三年的中高层管理人员。这是因为，他们掌握的知识够全面，可以准确回答问卷中有关的诸如企业创新状态、资源以及市场引导等问题。

在各变量量表设计完成后，经过较周密的语意排列与组合形成最初的调查问卷，我们对其进行了问卷的预调研测试，为了使问卷的设计与企业实际情况更加相符，并使问卷的语言更加便于企业界人士理解，我们还通过深度访谈的形式，根据企业的反馈情况对问卷中可能产生歧义的内容做了一定的修改。通过不断地测试，反复地修改本次调研的问卷，以提高问卷调查的可靠性，并形成终稿。

第八章 数据分析与模型检验

保证测量工具的有效性是应用调查研究方法最重要的一步，所以人们常常用效度和信度来检验测量工具的有效性。本研究所采用的量表一部分是根据相关文献中已有的量表，内容具有较高的效度，然而动态技能、创新要素和市场引导三个角度的内涵得到了一些新的解释，因此需要进行实际检验。信度和效度的检验也能对概念模型进行修正和优化以及改善调查问卷，以免对本研究做出误判。李怀祖（2004）认为实证研究必须优先进行信度和效度的检验，只有这样才能得出有效的分析结果。

8.1 数据处理

8.1.1 信度分析

信度(reliability)表示选用一样的研究方法对同一个目标进行多次检验，观测其检验结果是否具有一致性和稳定性，一致性表示各检验的指标之间的内部关系，并检验相关的内容是否对每一个问题都进行了检查，稳定性表示在不同的期间，通过选定的测量软件对同一目标进行多次测量，观测其结果是否具有可靠性。如果设计的调查问卷是合理的，那么其多次观测的结果也将高度相仿。但是本研究的研究难以进行多次相同的测量，所以接下来的回归分析选用一致性的指标来测量本研究选取数据的可靠性。

目前，Cronbach's α 信度测试的检验方法常被用于衡量调查问卷的信度测量指标，其主要通过分析调查数据的方法来检验，验证量表的内部一致性。根据心理测量学的相关理论，检验了指数如果大于 0.9，则表示量表的有效性较好，如果检验指数在 0.7 ~ 0.9 之间，则可以修改相关指标来提高量表质量，若其指数在 0.35 ~ 0.7 之间则必须进行修改，如果指数在 0.35 以下，则应该剔除。

事实上，Cronbach's α 信度系数值大于 0.6，我们就可认为量表信度良好；如果大于 0.7 就更好（Nunnally，1975）。本研究选用 SPSS 软件对调查问卷的数据进行 Cronbach's α 信度测试，验证本研究收集的数据是否具有完整性和有效性，并对本研究所提出的假设进行回归分析。表 8.1 具体显示了本研究各指标的 Cronbach's α 系数，可以发现各指标的可信度检验的 Cronbach's α 系数值大多数在 0.7 之上，这表明此指标体系具有较高的可信度，所以我们的调查研究表是可信和有效的。

表 8.1　调查表的信度检验结果

指标	Cronbach's α 系数	样本数据	处理方式
总指标	0.834	309	可靠
环境适应技能	0.751	25	可靠
信息感知技能	0.821	30	可靠
资源重构技能	0.812	31	可靠
组织学习技能	0.752	35	可靠
创新要素	0.942	26	可靠
顾客引导	0.755	46	可靠
竞争者引导	0.815	24	可靠
各部门引导	0.718	36	可靠
科技创新	0.815	34	可靠
非科技创新	0.834	22	可靠

8.1.2 效度分析

通常情况下，学界常将效度分为内容效度、准则效度和构思效度，对于检验内容的适当性通常选用内容效度来衡量，本研究基于统计学的相关理论，借鉴相关的实证文献，本研究初步形成的问卷调查的初稿，并邀请了实业界和学术界的相关专家进行研讨和修改，所以，本研究选取的指标可以保证一定的内容效度。由于本研究的各个测量指标都是直接测量的，所以在短时间内难以通过借鉴其他的文献作为参考，所以，本研究无法进行准则效应的检验。另外，构思效度本研究选用因子分析方法进行检验，依据统计数的相关知识，若 Bartlett 球体检验统计值的显著性小于等于 α 时，则 KMO 值就会大于 0.7，而且若题项载荷系数大于 0.5，则可以采用因子分析将相同的变量的测试题项合并为一个因子（马庆国，2007）。

（1）动态技能的效度分析

对于动态技能量表的效度分析，本研究选用探索性因子来进行检验，因子载荷数值结果如表 8.2 所示，根据统计学的相关知识，本研究删除了因子载荷小于 0.5 的指标。在本研究所选取的动态技能的 14 个指标中，我们剔除 DA3、DA6 这两个指标，最后再进行一次因子分析，KMO 的值为 0.834，Bartlett 球体检验统计量的值为 501.534，*P* 值基本上为 0，这 12 个因子变量总共解释了 73.59%的变异，通过表 8.2 的分析结果表明，动态技能的分量表检验的因子是可靠的，说明动态技能的设计问卷是有效的。

表 8.2　动态技能各指标的因子分析结果

指标	因素			
	顾客引导	信息感知技能	资源重构技能	组织学习技能
MA1	0.728			
DA2	0.648			
DA3	0.356			
DA4		0.821		

续表

指标	因素			
	顾客引导	信息感知技能	资源重构技能	组织学习技能
DA5		0.515		
DA6		0.183		
DA7			0.751	
DA8			0.615	
DA9			0.842	
DA10			0.751	
DA11				0.705
DA12				0.618
DA13				0.734
DA14				0.719

（2）创新要素的效度分析

对于创新要素量表的效度分析，本研究选用探索性因子来进行检验，因子载荷数值结果如表 8.3 所示，根据统计学的相关知识，本研究删除了因子载荷小于 0.5 的指标。在本研究所选取的创新要素的 3 个指标中，其结果全部显示大于 0.5，而 KMO 的值显示为 0.729，Bartlett 球体检验统计量的值为 423.592，*P* 值基本上为 0，这 3 个因子变量总共解释了 63.56%的变异，通过表 8.3 的分析结果表明，创新要素量表的分析方法是能够使用的。

表 8.3　创新要素量表因子分析结果

指标	因素
	创新要素
IA1	0.624
IA2	0.726
IA3	0.529

（3）市场引导的效度分析

同理，对于市场引导量表的效度分析，本研究选用探索性因子来进行检验，因子载荷数值结果如表 8.4 所示，根据统计学的相关知识，本书删除了因子载荷小于 0.5 的指标。在本研究所选取的市场引导的 12 个指标中，我们剔除了 MA2、MA7、MA12 这三个指标，最后再进行一次因子分析，

KMO 的结果为 0.864，Bartlett 球体检验统计量的值为 267.262，P 值基本上为 0，这 9 个因子变量总共解释了 68.29%的变异，通过表 8.4 的分析结果表明，该指标体系可以进行因子分析。

表 8.4　市场引导量表因子分析结果

指标	因素		
	顾客引导	竞争者引导	各部门引导
MA1	0.534		
MA2	0.352		
MA3	0.629		
MA4	0.672		
MA5		0.752	
MA6		0.716	
MA7		0.419	
MA8		0.625	
MA9			0.743
MA10			0.692
MA11			0.719
MA12			0.268

（4）创新模式的效度分析

对于创新模式量表的效度分析，本研究选用探索性因子来进行检验，因子载荷数值结果如表 8.5 所示，根据统计学的相关知识，本研究删除了因子载荷小于 0.5 的指标。在本研究所选取的创新模式的 8 个指标中，其结果全部显示大于 0.5，而 KMO 的值显示为 0.829，Bartlett 球体检验统计量的值为 393.262，P 值基本上为 0，这 8 个因子变量总共解释了 71.68%的变异，通过表 8.5 的分析结果表明，创新模式量表的分析方法是能够使用的。

表 8.5　创新模式量表因子分析结果

指标	因素	
	科技创新	非科技创新
TA1	0.642	
TA2	0.713	
TA3	0.728	
TA4	0.697	

续表

指标	因素	
	科技创新	非科技创新
NA1		0.614
NA2		0.659
NA3		0.642
NA4		0.627

通过上述检验，本研究认为我们所选取的量表都符合信度和效度的要求，在删除了不符合要求的指标之后，其他的指标基本满足了本研究的研究需求，所以本研究的调查问卷可以运用于本研究的假设检验。

8.2 描述性统计分析

通过描述性统计表我们可以发现，各个变量的集中或离散程度，并梳理出各变量的总体特征，表 8.6 归纳了样本量的均值、方差以及因子分析的信度和效度结果。从表 8.6 我们可以发现，动态技能四个指标的均值较为接近，表明各个指标可以有效地衡量动态技能，标准差不大，说明指标间的差异性较小，即管理层对于问卷调查的问题具有相对一致的看法。同理，创新要素、市场引导和创新模式的量表也能得出相同的结论。

表 8.6 因子分析与信度效度分析结果

指标	编码	描述性统计	因子载荷系数	第一主成分方差贡献率（%）	Cronbach's α 系数
		均值 / 标准差			
环境适应技能	DA1	3.71/0.72	0.728	72.85%	0.751
	DA2	3.86/0.92	0.648		
信息感知技能	DA4	3.81/0.83	0.821	73.59%	0.821
	DA5	3.79/0.82	0.515		
资源重构技能	DA7	3.52/0.91	0.751	74.29%	0.812
	DA8	3.29/0.79	0.615		
	DA9	3.89/0.69	0.842		
	DA10	3.43/0.99	0.751		

续表

指标	编码	描述性统计	因子载荷系数	第一主成分方差贡献率（%）	Cronbach's α 系数
		均值 / 标准差			
组织学习技能	DA11	3.69/0.86	0.705	73.51%	0.752
	DA12	3.64/0.89	0.618		
	DA13	3.89/0.87	0.734		
	DA14	3.59/0.79	0.719		
创新要素	IA1	3.25/0.95	0.624	63.56%	0.942
	IA2	3.62/0.82	0.726		
	IA3	3.45/0.96	0.529		
顾客引导	MA1	3.66/0.74	0.534	70.39%	0.755
	MA3	3.70/0.92	0.629		
	MA4	3.91/0.69	0.672		
竞争者引导	MA5	3.09/0.88	0.752	65.78%	0.815
	MA6	3.24/0.79	0.716		
	MA8	3.95/0.84	0.625		
各部门引导	MA9	3.65/0.59	0.743	68.40%	0.718
	MA10	3.49/0.99	0.692		
	MA11	3.08/0.59	0.719		
科技创新	TA1	3.86/0.84	0.642	70.80%	0.815
	TA2	3.59/0.83	0.713		
	TA3	3.03/1.52	0.728		
	TA4	3.39/0.64	0.697		
非科技创新	NA1	3.29/0.56	0.614	71.95%	0.834
	NA2	3.89/0.85	0.659		
	NA3	3.99/0.85	0.642		
	NA4	3.48/0.76	0.627		

8.3 模型分析与假设检验

8.3.1 各变量间相关分析

本研究利用SPSS软件分析得到各变量之间的相关分析，如表8.7所示。通过Pearson检验对变量的相关性进行分析，结果表明各变量之间所有的相关性系数都小于0.5，说明各变量之间多重共线性的概率较小，且变量之间的相关性系数较为显著，说明变量之间会显著相互影响，这为后续的回归分析提供了有利的前提条件。

表 8.7 各变量的均值、方差及 Pearson 相关系数

变量	均值	标准差	环境适应技能	信息感知技能	资源重构技能	组织学习技能	创新要素	市场引导	科技创新	非科技创新
环境适应技能	3.529	0.82	1							
信息感知技能	3.743	0.724	−0.025**	1						
资源重构技能	3.659	0.933	0.022*	0.041***	1					
组织学习技能	3.250	0.833	−0.039***	0.043***	0.013	1				
创新要素	3.580	0.812	0.067***	−0.133***	−0.161***	−0.197***	1			
市场引导	3.371	0.950	0.029**	0.141***	0.106***	0.105***	−0.451***	1		
科技创新	3.389	0.888	0.026**	0.053**	−0.128***	−0.265***	0.169***	−0.026**	1	
非科技创新	3.107	0.790	0.238***	0.032***	−0.053***	−0.154***	0.104***	0.104***	0.131***	1

注：***、**、* 分别表示在 0.01、0.05 和 0.1 置信水平上显著。

8.3.2 各变量间回归分析

从以上变量的相关分析结果，本研究可以得出，各变量之间都在不同的显著性水平下存在相关性关系，但这并不能说明二者之间存在因果关系。为了进一步探讨动态技能对创新因素、市场引导和创新模式选择的影响，本研究可以采用回归分析的方法分别对各变量之间的关系进行检验，验证本研究的假设，明确各个变量之间的因果关系以及创新因素和市场引导在动态技能与后发企业创新路径选择之间起中介作用。另外，对于变量之间的多重共线性的检验，本研究利用因子 VIF 来检验。当 VIF 大于 10 时，表明变量之间存在多重共线性。当 VIF 小于 10 时，说明变量之间不存在

多重共线性，回归结果具有稳健性。

（1）动态技能与科技创新、非科技创新的回归分析

为进一步检验动态技能对创新模式的作用机制，本研究将动态技能的四个方面，即环境适应技能、信息感知技能、资源重构技能和组织学习技能作为解释变量，科技创新和非科技创新为被解释变量，选取最小二乘法进行回归分析，回归结果如表 8.8 所示。

表 8.8　动态技能对创新模式的回归分析结果

变量	创新要素			市场引导		
	标准化系数 β	T 值	VIF 值	标准化系数 β	T 值	VIF 值
环境适应技能	0.231**	2.23	1.47	0.426**	2.53	2.43
信息感知技能	0.14**	2.39	3.215	0.186*	1.68	3.54
资源重构技能	0.421*	1.74	1.307	0.254**	2.51	1.842
组织学习技能	0.143***	3.25	1.624	0.562**	2.08	2.45
R^2	51.8%			54.7%		
Adjusted R^2	48.7%			53.1%		
F 统计值	15.358***			19.256***		

注：***、**、* 分别代表 1%、5% 和 10% 水平下显著。

从表 8.8 中我们可以发现动态技能的四个方面与两类科技创新之间的相互关系。环境适应技能和组织学习能力会显著正向影响企业的科技创新，而信息感知技能和资源重构技能与科技创新并不存在显著联系，说明企业对外界的适应能力和自身的学习能力都会提升企业的科技创新水平，企业能够不断地适应环境变化，自主学习并且创新，从而改善企业的科技创新水平，因此，假设 1 得到部分成立。而在非科技创新中，环境适应技能，资源重构技能和组织学习技能在5%的显著性水平下正向影响非科技创新，但是信息感知技能与非科技创新并不存在显著关系，本研究认为主要是由于企业对信息感知的能力并不强烈，不能有效地利用外界的信息，从而导致企业的信息感知技能不会显著正向影响非科技创新，因此，假设 2 不能

得出完全成立。

（2）动态技能与创新要素、市场引导的回归分析

同理，为进一步检验动态技能对创新要素和市场引导的影响，本研究将动态技能的四个方面，即环境适应技能、信息感知技能、资源重构技能和组织学习技能作为解释变量，创新要素和市场引导为被解释变量，选取最小二乘法进行回归分析，具体的回归结果如表 8.9 所示。

表 8.9　动态技能对创新要素和市场引导影响的回归分析结果

变量	科技创新		
	模型 1	模型 2	模型 3
创新要素		-0.126**	
		（-2.21）	
市场引导			0.032
			（0.99）
环境适应技能	0.251**	0.015	0.003
	（2.04）	（1.20）	（-0.43）
信息感知技能	0.141	0.191	0.221
	（0.59）	（1.12）	（1.50）
资源重构技能	0.421	0.104**	10.130***
	（1.04）	（1.69）	（11.27）
组织学习技能	0.143***	0.022***	0.049***
	（3.25）	（3.01）	（10.06）
R^2	51.8%	53.7%	53.9%
F 统计值	15.358***	15.738***	13.593***

注：***、**、* 分别代表 1%、5% 和 10% 水平下显著，括号内为 T 值。

通过表 8.9 我们可以发现，要将创新要素作为因变量时，环境适应技能、信息感知技能、资源重构技能和组织学习技能在不同的显著性水平下，都会显著正向影响创新要素，说明动态技能会显著提升企业的创新要素获取，说明假设 3 得到支持，此外，表 8.9 还将市场引导作为被解释变量，结果发现动态技能的四类特征对市场引导有显著的正向关系，且都在 5% 和 10% 的显著性水平下相关，即动态技能会显著提高企业的市场引导水平，

因此假设 4 得以验证。

（3）动态技能、创新要素、市场引导与科技创新的回归分析

为进一步检验动态技能、创新要素和市场引导对科技创新的影响，本研究将动态技能的四个方面，即环境适应技能、信息感知技能、资源重构技能和组织学习技能作为解释变量，将创新要素和市场引导作为中介变量，科技创新作为被解释变量，选取最小二乘法进行回归分析，回归结果如表 8.10 所示。

从表 8.10 中我们可以发现，模型 1 描述了动态技能的四个方面，即环境适应技能、信息感知技能、资源重构技能和组织学习技能对科技创新的影响，结果表明，动态技能中的信息感知技能和组织学习技能都会显著正向影响科技创新，假设 1 得出部分验证，上文中已经得以检验。

模型 2 检验了创新要素在动态技能四个方面对企业科技创新的影响结果的中介作用，回归结果表明，资源重构技能和组织学习技能在 1%和 5%的显著性水平下，正向影响科技创新，此外，在模型 2 中，后发企业的创新要素与科技创新在 5%的显著性水平下负向相关，说明创新要素会影响后发企业的科技创新，即说明动态技能会通过创新要素间接影响科技创新，即创新要素发挥了中介作用，因此假设 5 得以验证。

模型 3 检验了市场引导在动态技能四个方面对企业科技创新的影响结果的中介作用，回归结果表明，资源重构技能和组织学习技能在 1%的显著性水平下，正向影响科技创新，然而，在模型 3 中，后发企业的市场引导与科技创新并不存在显著的正相关关系，说明市场引导并不会影响后发企业的科技创新，即说明动态技能并不会通过市场引导间接影响科技创新，即市场引导并没有在动态技能与企业科技创新之间发挥中介作用，因此假设 7 并不成立。

表 8.10 动态技能、创新要素、市场引导与科技创新回归结果

变量	科技创新		
	模型 1	模型 2	模型 3
创新要素		−0.126**	
		(−2.21)	
市场引导			0.032
			(0.99)
环境适应技能	0.251**	0.015	0.003
	(2.04)	(1.20)	(−0.43)
信息感知技能	0.141	0.191	0.221
	(0.59)	(1.12)	(1.50)
资源重构技能	0.421	0.104**	10.130***
	(1.04)	(1.69)	(11.27)
组织学习技能	0.143***	0.022***	0.049***
	(3.25)	(3.01)	(10.06)
R^2	51.8%	53.7%	53.9%
F 统计值	15.358***	15.738***	13.593***

注：***、**、* 分别代表 1%、5% 和 10% 水平下显著，括号内为 T 值。

（4）动态技能、创新要素、市场引导与非科技创新的回归分析

为进一步检验动态技能、创新要素和市场引导对非科技创新的影响，本研究将动态技能的四个方面，即环境适应技能、信息感知技能、资源重构技能和组织学习技能作为解释变量，将创新要素和市场引导作为中介变量，非科技创新作为被解释变量，选取最小二乘法进行回归分析，回归结果如表 8.11 所示。

表 8.11 动态技能、创新要素、市场引导与非科技创新回归结果

变量	非科技创新		
	模型 1	模型 2	模型 3
创新要素		0.141***	
		(7.14)	
市场引导			0.004*
			(1.72)
环境适应技能	0.571**	0.020	0.022
	(2.42)	(0.65)	(0.80)
信息感知技能	0.186	0.215	0.227
	(1.48)	(1.21)	(1.27)

续表

变量	非科技创新		
	模型 1	模型 2	模型 3
资源重构技能	0.254**	0.745	0.679
	(2.51)	(0.86)	(1.63)
组织学习技能	0.562**	0.038	0.039
	(2.08)	(0.66)	(0.56)
R^2	54.7%	54.8%	55.9%
F 统计值	19.256***	20.643***	19.586***

注：***、**、* 分别代表 1%、5% 和 10% 水平下显著，括号内为 *T* 值。

从表 8.11 中我们可以发现，模型 1 描述了动态技能的四个方面，即环境适应技能、信息感知技能、资源重构技能和组织学习技能对非科技创新的影响，结果表明，动态技能中的环境适应技能、资源重构技能和组织学习技能都会显著影响非科技创新，且都在 5% 的显著性水平下呈正相关关系，然而信息感知技能与非科技创新并不存在显著正相关关系，因此假设 2 得出部分验证，上文中已经得以检验。

模型 2 检验了创新要素在动态技能四个方面对企业非科技创新的影响结果的中介作用，回归结果表明，后发企业的创新要素与科技创新在 1% 的显著性水平下正相关，说明创新要素会影响后发企业的非科技创新，即说明动态技能会通过创新要素间接影响科技创新，即创新要素发挥了中介作用，然而动态技能的四个方面即环境适应技能、信息感知技能、资源重构技能和组织学习技能都不会显著正向影响非科技创新，因此，创新要素在动态技能与企业非科技创新之间起到了完全中介的作用，因此假设 6 也得以验证。

模型 3 检验了创新要素在动态技能四个方面对企业非科技创新的影响结果的中介作用，回归结果表明，后发企业的市场引导与非科技创新在 10% 的显著性水平下正相关，说明市场引导会影响后发企业的非科技创新，即说明动态技能会通过创新要素间接影响非科技创新，即市场引导发挥了中介作用，然而动态技能的四个方面即环境适应技能、信息感知技能、资源重构技能和组织学习技能都不会显著正向影响非科技创新，因此，市场引导在动态技能与企业非科技创新之间起到了完全中介的作用，因此假设8也得以验证。

8.3.3　假设验证结果分析

综合上述研究，我们基本可以得出本研究假设的验证情况，除了假设1、假设2和假设7以外，其他假设均已得到检验。这表明动态技能与后发企业创新模式都需要从多个角度对其进行衡量，并且动态技能对后发企业创新模式的影响，外界因素创新要素和市场引导都会对二者关系产生作用。各假设的结果如表8.12所示。

表8.12　各假设回归结果

假设选项	表述	结论
假设1	动态技能会正向影响后发企业的科技创新	部分成立
假设2	动态技能会正向影响后发企业的非科技创新	部分成立
假设3	动态技能会促进后发企业的创新要素获取	成立
假设4	动态技能会促进后发企业的市场引导表现	成立
假设5	创新要素会抑制后发企业的科技创新	成立
假设6	创新要素会促进后发企业的非科技创新	成立
假设7	市场引导在动态技能与企业科技创新之间发挥中介作用	不成立
假设8	市场引导在动态技能与企业非科技创新之间发挥中介作用	成立

8.4　实证结果

通过以上的分析，本研究假设基本都得到了检验，在通过SPSS软件对假设回归分析之后，本研究得出以下结论：动态技能会对后发企业的科技创新产生正向作用，也会显著正向影响非科技创新，这说明后发企业若要以创新驱动发展应该集中培养企业的创新意识，能够根据环境的变化而变化，此外，我们还发现动态技能会通过创新要素间接影响非科技创新，但是动态技能不会显著影响科技创新。所以，后发企业应该以非科技创新为主，并进一步考虑是否进行科技创新，只有这样才能对先头企业进行追赶。动态技能不会通过市场引导部分影响科技创新，而动态技能却可以通过市场引导完全影响非科技创新。为了能够在市场中站稳脚跟，后发企业应该以非科技创新为主，不断适应市场发展，以保持企业的持续稳步发展。

第九章　对策建议

根据前一章的检验结果，再针对前文提出的理论基础，本章重点分析和讨论前文的假设和分析结果。

9.1　实证结果讨论

本研究以动态技能作为基础，从后发企业的创新要素和市场引导二维视角出发，探究动态技能作用于后发企业创新模式影响机制。以前关于创新的研究主要从科技创新出发，而本研究则结合非科技创新，多角度探究了后发企业的创新模式，并详细论证了动态技能对后发企业创新模式的作用机理。首先，本研究梳理了国内外企业利用其动态技能进行创新路径选择的相关理论文献与案例研究；其次，利用江苏省后发企业作为研究对象进行实证分析，根据采集到的调查问卷数据进行回归分析，并得出以下结论。

首先，动态技能会显著促进后发企业的科技创新和非科技创新。研究表明后发企业在研发的进程中应重点发展企业的创新能力，来提高企业的动态环境适应能力，以提高企业的创新水平。企业应从异质性的创新发展模式中选择与自身匹配度最高的创新路径，以最终实现企业在动态环境中构建和强化各种子技能。

其次，动态技能通过创新要素间接影响非科技创新，即创新要素起到了中介效应，但是动态技能并不会显著抑制科技创新。这就说明在无法依赖科技创新的情况下，后发企业的创新路径只能依靠非科技创新。

再次，动态技能通过市场引导间接作用于科技创新，但中介效应仅发挥出了部分作用。表明后发企业为了适应外界环境的变化，其在发展进程中，如果企业技术设施并不完善，则会采用非科技创新来适应外界的环境变化，以通过该途径实现企业的发展目标。

9.2 对策建议

改革开放以来，中国的经济水平正在快速发展，我国的经济结构也几经更迭。近年来，我国越发认识到依靠创新发展经济，建设创新型国家是未来发展的必然趋势。国家为了改变现有的粗放型生产模式和引用外资型的经济发展方式，有必要依赖创新的作用，而企业作为全球争夺市场的主要竞争者，其创新行为就显得尤为重要。企业创新水平也体现出我国的经济发展水平，由于我国目前依然是发展中国家，企业多属于后发企业，其中大部分企业均存在着资金不足、技术匮乏、创新人员不足的状况，同时不断变化的世界局势以及纷繁复杂的市场环境进一步给企业的发展带来巨大的挑战。改革开放 40 多年以来，我国的企业发展大多依靠模仿创新，但受到中美贸易战等事件的影响，同时为了响应自身发展要求，我国企业后续必须依靠自主创新和相互交流与协作，否则难以在全球竞争中立足。

当前形势下，我国的企业在激烈竞争的市场环境中如何快速发展，在不确定性的国际局势下如何选择合适的创新路径以获得关键优势，已经日益成为我国企业的战略重点。

在当前外界环境实时变化的情况下，尽管一些中小企业已经积累了一定数量的资本和资源，但在当前情势下，环境的复杂变化导致许多企业原有的竞争优势可能就此失去，企业也难以为继。为此，培养企业对动态环境的快速响应已经成为企业关注的重点。当然，企业处于不同的发展时期，其对快速变化的环境的适应性也是存在较大差异的。先行发展的企业由于已经形成自身的发展模式，具有先天的科技创新优势，拥有核心竞争力，即便外部环境出现变化也难以对其形成致命打击，可见选择适合自身发展的创新路径并构建合适的商业模式对企业的重要性，后发企业如何实现弯道超车必须从这些方面予以考量。此外，在当前的全球化进程中，企业面临的竞争压力越来越大，仅依靠科技创新发展很可能会在发展到一定阶段时遭遇瓶颈期，因而非科技创新也变得越来越重要。由于合理的创新模式对于企业保持持续的竞争能力尤其重要，甚至可能助力企业取得领先地位，故此企业应将科技创新和非科技创新均纳入发展战略中，实现二者的协同发展，从而实现企业在动态环境下的稳步发展。总体而言，后发企业只有开发动态技能，将科技创新和非科技创新相结合进行全面协同发展，才能在不断变化的环境中持续快速发展，也才会拥有超越在位领先企业的可能。

第十章　总结与展望

10.1　研究总结

经过 30 多年的模仿创新之后，我国的经济发展已经进入瓶颈期，仅仅依靠外部引入已经不足以帮助我国经济从高速发展转变成高质量发展，这需要依靠自主创新和全面协同配合，需要跟着国家的号召充分发挥创新作为引领发展的第一动力的作用。企业作为创新主体和在国际市场交易的枢纽，如果公司还沿用以前的发展方式，企业必将被时代环境所淘汰。市场中不断变化的环境也促使企业不断地改变以提高自身优势来保持高速发展，现有的竞争优势理论也将面临新的问题。但是，企业们常常存在着资金不足、人才匮乏、技术陈旧等问题，未来的企业有必要进行自主创新，和其他企业协同合作，获得并形成自己的竞争优势。可见，我国企业怎样在已有的不断变化的外界环境中，持续发展，保持自己的竞争优势，在条件有限的情况下，进行合适又高效的创新，这是目前企业所面临的一个难题和挑战。

在外界环境不断改变的背景下，虽然中小企业存在一定数量的已有资本和资源，但是它们会由于不断变化的外界环境失去它们的优势地位。所以，企业对动态环境有足够的能力可以去应对并且保持自己的竞争优势很重要，在不同发展阶段的公司都有必要拥有这个能力，外界环境对不同企业的要求也并不相同。例如，对先发企业而言，它们已经获得了竞争优势，并且形成了自己已有的运营流程和发展框架，也有自己已有的积累的技术优势和创新模型，它们不得不建立起一个可以面对动态环境不断变化的一个管理体系和运营模式，这给了后发企业发展起来的时机。在目前的大环境下，企业无法仅靠其已有的技术优势持续保持其竞争优势，非技术创新同样重要。这说明，企业有必要形成自己的创新发展模式，持续进行创新，并且根据非技术创新获得协同效应，否则后发企业可能会后来者居上，出现市场更替。后发企业如果想实现新旧企业交替，只有比先发企业更好地拥有动态技能，才能达到在外界环境不断变化的背景下超过先发企业。

本研究的对象是以江苏省的后发企业为基础，探究后发企业在面对不断变化的环境中，如何抓住机遇，快速地面对和处理不断的挑战，在各种要素严重不足的情况下如何选择合理的创新路径来获得优势的竞争力，从而使企业取得快速发展，最终超越行业的先头企业。本书从动态技能角度出发，探究企业在面临不断变化的环境中怎样抓住机遇，迎接挑战，如何在各种资源落后的情况下选择合理的创新路径在市场中获得竞争力。结果发现，这不仅对现有理论有所丰富，也对江苏乃至全国的后发中小企业的创新路径选择与实现具有实践的指导意义。

本书主要有以下结论：第一，后发企业如果想要追上其他企业，形成其动态能力来应对内外部环境是很有必要的，并且同时兼备技术创新和非技术创新的发展。企业对内可以发展自己的企业文化，支持创新的氛围，形成对内部员工系统性培养，建立鼓励创新的体系。对外，企业可以和其他高新技术企业进行技术学习与交流，企业如果想要选择技术创新这种发展方式，就有必要随时关注市场最新的技术，内部各个部门间需要沟通合作，这样才能更好地提高企业适应环境的能力以及减少信息不对称带来的不必要损失。企业如果想要选择非技术创新这种发展方式，则可以发展其社会网络，从而吸收更多的知识，构建自己的合适且高效的管理运营模式，并且通过企业创新型文化来促进企业学习和重构资源的能力。第二，后发企业有必要对应不同的创新模式形成不同的战略，从而更有利于企业自身的发展。本研究发现，后发企业不仅要考虑到已有的动态能力的提升，也要兼顾到最适合企业的战略，在以上基础上形成自己的创新方法。所以本书提出，企业如果选择技术创新导向，就需要关注最新技术的学习和研发，包括对企业相关创新人才的鼓励支持，发现新的商机和市场，提高研发创新的投入等，从而形成一个适合并且鼓励创新、发展技术的企业文化。企业如果选择非技术创新导向，就需要追求利益最大化，研究如何提高企业业绩，开发新产品新市场来提高企业价值，赢得忠实客户的信任和依赖。不仅如此，企业有必要重视市场需求的不断变化，通过优化企业内部组织模式来形成新的有利于企业适应柔性外界环境的良好的动态能力，从而为其非技术创新做好准备。第三，企业可以在外界环境不断变化的基础上，平衡并协调创新资源和外界市场。后发企业由于其选择了不同的战略，对应的创新成果也不同，各有长处。因此，后发企业的组织规模和市场需求有必要形成一个动态平衡。一方面，后发企业的组织并不成熟加规模也较小，不利于其进行技术创新，更适合采用非技术创新模式来更好地面对市场的不断改变。不仅如此，企业创新成果是否达标，也是被外界环境所干扰的。只有企业在考虑到自身规模和外界不断变化的市场的情况下，适应并改变自己的创新方式，才能更好地达到一个创新要素和市场需求的柔性和谐。

10.2 研究的创新与不足之处

本书在学术上的创新主要体现在两个方面。一方面，现有研究大多局限于稳态的企业环境，且研究对象主要针对在位领先企业，但是，龙头企业已经基本形成成熟的经济规模，其自身拥有的技术能够促使其持续发展，在市场上具有较强的竞争力。而后发企业在面对不断变化的环境，相较于龙头企业，后发企业缺少丰富的创新要素，因此后发企业怎么正确地选择企业的创新路径，在提高科技创新水平的同时，大力发展非科技创新，科技创新与非科技创新协同发展，进而整合动态技能，通过创新追赶领先企业，显得尤为重要，但现在对这一问题的研究并不多见。本书从动态技能视角出发，将江苏省后发企业作为研究对象，探究其选择的创新路径，为其他的后发企业选择适当的创新路径保持持续的优势竞争提供建议，这是本书的一大创新点。另一方面，现有企业主要重视科技创新这一创新路径，但这类创新路径会受到许多的制度和管理模式等因素的制约，企业难以通过这类方式取得发展，提高企业竞争力。本书通过分析企业的动态技能如何影响后发企业选择创新路径，试图研究企业的动态技能的作用机制，以企业的科技创新为基础，并引入非科技创新因素，系统地研究后发企业是如何追赶领先企业的，这是本书的另一个创新点。

本书将后发企业作为研究对象，从动态技能角度出发，对创新模式选择进行深入的探讨，并丰富现有研究，填补空白，但由于研究时间、经费和个人知识水平等方面存在不足，尽管本书在研究上力求合理和符合科学的原则，但本书的研究仍然存在以下的不足：首先，样本调查数据不够充实，企业访谈对象不够多元化。由于本书的调查范围主要限制在江苏省的抽样企业，样本数据具有一定的局限性，且受到区域企业特性的影响。另外，本研究仅考虑后发中小企业，使得本书的研究结论在适用范围上受到了限制。其次，缺少控制变量，如企业文化及环境的不断变化等。企业文化和环境因素等方面都会对创新路径产生重要影响，企业文化和环境因素的不断变化都会影响企业创新模式的选择。但本书在实证研究方面主要探讨了动态技能与企业创新路径选择之间的关系，并没有涉及企业家精神和外部环境因素的调节作用。

10.3 研究的展望

通过上文的梳理，本书的研究会受到一些主观和客观因素的影响，存在一定的局限性，需要通过更加全面和深入的研究来不断完善。首先，可以扩展本书的样本量，使回归分析结果更加具有说服力。其次，可尝试加入企业家的创业与创新精神以及外部环境等因素作为控制变量进一步分析影响企业创新路径的因素。

参考文献

［1］Aaker D A，Mascarenhas B. The need for strategic flexibility［J］. Journal of Business Strategy，5/2，autumn 1984：74，82.

［2］Abeysekera. Intellectual accounting scorecard：mearuring and reporting intellectual capital ［J］. Journal of American Academy of Business，2003，3（9）.

［3］Abeysekera I，Guthrie J. An empirical investigation of annual reporting trends of intellectual capital in Sri Lanka［J］. Critical Perspectives in Accounting，2005，16（3）.

［4］Aboody D，Lev B. The value-relevance of intangibles：The case of software capitalization ［J］. Journal of Accounting Research，Supplement 1998.

［5］Aboody D，Lev B. Information Asymmetry，R&D，and Insider Gains ［J］. Journal of Finance. 2000，55（6）.

［6］Alwert Kay，Manfred Bornemann and Markus Will . Does intellectual capital reporting matter to financial analysts? [J] . Journal of Intellectual Capital, 2009, 10 (3) .

[7] Amit R, Schoemaker P.J.H. Strategic assets and organizational rent [J] . Strategic Management Journal, 1993, 14 (1) : 33–46.

[8] Anderson P, Tushman M L. Technological discontinuities and dominant designs: A cyclical model of technological change. Administrative science quarterly, 1990, 35 (4) : 604–633.

[9] Ansoff H I, Brandenburg R G. A Language for organization Design: Part Ⅰ [J] . Management Science, 1971, 17 (12) : 705–716.

[10] Ansoff H I. Corporate strategy [M] . New York: McGraw–Hill Book Company, 1965.

[11] April K A, Bosma P, Deglon D A. IC measurement and reporting: establishing a practice in SA mining [J] . Journal of Intellectual Capital, 2003, 4 (2) .

[12] Barney, Jay B. Strategic factor markets: Expectations, luck, and business strategy [J] . Management Science, 1986, 32 (10) .

[13] Barney, Jay B. Firm resources and sustained competitive advantage [J] . Journal of Management, 1991, 17 (1) .

[14] Barney, Jay B. The resource–based theory of the firm [J] . Organization Science, 1996, 7 (5) .

[15] Barney, Jay B. Resource–based theories of competitive advantage: a ten–year retrospective on the resource–based view [J] . Journal of Management, 2001, 27 (6) .

[16] Barney, Jay B, Wright, et al. The resource–based view of the

firm: Ten years after 1991 [J]. Journal of Management, 2001, 27 (6).

[17] Bontis N. Intellectual Capital: An Exploratory Study That Develops Measures and Models [J]. Management Decision, 1998, 36 (2).

[18] Bontis N. Intellectual Capital Disclosure in Canadian Corporations [J]. Journal of Human Resources Costing and Accounting, 2003, 7 (1/2).

[19] Boone, Jeff and Kris Raman. Off-Balance-Sheet R&D Assets and Market Liquidity [J]. Journal of Accounting & Public Policy, 2001, 20 (2).

[20] Bornemann, Leitner. Mearuring and reporting intellectual capital: the case of a research technology organization [J]. Singapore Management Review, 2002, 24 (3).

[21] Bozzolan S, Favotto F, Ricceri F. Italian annual intellectual capital disclosure: an empirical analysis [J]. Journal of Intellectual Capital, 2003, 4 (4).

[22] Bozzolan S, O' Regan P, Ricceri F. Intellectual capital disclosure (ICD) in listed companies: a comparison of practice in Italy and the research technology organisation [J]. Journal of Human Resource Costing & Accounting, 2006, 10 (2).

[23] Brennan N. Reporting intellectual capital in annual reports: evidence from Ireland [J]. Accounting, Auditing & Accountability Journal, 2001, 14 (4).

[24] Bukh Per Nikolaj, Isa Kjaergaard Jensen. Intellectual capital statements in the Danish utility sector: materialisation and enactment [J]. Journal of Human Resource Costing & Accounting, 2008, 12 (3).

[25] Burgman Roland and Goran Roos. The importance of intellectual capital reporting: evidence and implications [J]. Journal of Intellectual Capital, 2007, 8 (1).

[26] Castanias, Richard P, Constance E, et al. Managerial resources and rents [J]. Journal of Management, 1991, 17 (1).

[27] Castanias, Richard P, Constance E, et al. The managerial rents model: theory and empirical analysis [J]. Journal of Management, 2001, 27 (6).

[28] Chan, Louis Josef Lakonishok, Theodore Sougiannis. The Stock Market Valuation of Research and Development Expenditures [J]. Journal of Finance, 2001, 56 (6).

[29] Collis, David J, Cynthia A. Montgomery. Competing on resources: Strategy in the 1990s [J]. Harvard Business Review, 1995, 73 (4).

[30] Danish Ministry of Science, Technology and Innovation. Intellectual Capital Statements — The New Guideline [S]. 2003.

[31] DATI. A Guideline for Intellectual capital statements [S]. 2000.

[32] Dierickx, Ingemar , Karel Cool. Asset stock accumulation and sustainability of competitive advantage [J]. Management Science.

1989, 35 (12).

[33] European Commission. Encourage corporate measuring and reporting on research and other forms of intellectual capital [R]. 2006.

[34] Federal Ministry of Economics and Labour. Intellectual capital statement - Made in Germany [R]. 2004.

[33] Firer S, Williams S M. Intellectual Capital and Traditional Measures of Corporate Performance [J]. Journal of Intellectual Capital, 2003, 4 (2).

[34] Freeman C. Japan: a new national system of innovation [A]. Dosi G, Freeman C, Nelson R, et al. Technical change and economic theory [C]. London and New York: Printer Publishers, 1988: 330–348.

[35] Freeman C, Perez C. Structural crises of adjustment: business cycles and investment behavior [A]. Dosi G, Freeman C, Nelson R, et al. Technical change and economic theory [C]. London and New York: Printer Publishers, 1988: 38–66.

[36] Freeman C. The economics of technical change [J]. Cambridge Journal of Economies, 1994 (18): 463–514.

[37] G Dosi. Technological Paradigms and Technological Trajectories: Suggested interpretation of the Determinants and Directions of Technical [J]. Research Policy, 1982 (3): 147–162.

[38] Gerschenkron A. Economic backwardness in historical perspective [M]. Cambridge: Harvard University Press, 1962.

[39] Goh Pek Chen, Kwee Pheng Lim. Disclosing intellectual capital in

company annual reports : Evidence from Malaysia [J] . Journal of Intellectual Capital, 2004, 5 (3) .

[40] Grant, Robert M. The resource–based theory of competitive advantage: implications for strategy formulation [J] . California Management Review, 1991, 33 (3) .

[41] Gu F, Lev B. The information content of royalty income [J] . Accounting Horizons, 2004, 18 (1) .

[42] Guimon. intellectual capital reporting and credit risk analysis [J] . Journal of Intellectual Capital, 2005, 6 (1) .

[43] Guthrie J, Petty R. Intellectual capital: Australian annual reporting practices [J] . Journal of Intellectual Capital, 2000, 1 (3) .

[44] Guthrie James. The management, measurement and the reporting of intellectual capital [J] . Journal of Intellectual Capital, 2001, 2 (1) .

[45] Guthrie J, Petty R, Ricceri F, et al. Using content analysis as a research method to inquire into intellectual capital reporting [J] . Journal of Intellectual Capital, 2004, 5 (2) .

[46] Guthrie J, Petty R, Ricceri. The voluntary reporting of Intellectual capital: comparing evidence from Hong Kong and Australia [J] . Journal of Intellectual Capital, 2006, 7 (2) .

[47] Halim Siana. Statistical analysis on the intellectual capital statement [J] . Journal of Intellectual Capital, 2010, 11 (1) .

[48] Hitt M A, Keats B W, DeMarie S M. Navigating in the new competitive landscape: building strategic flexibility and competitive advantage in the

21st century [J] . Academy of Management Executive, 1998, 12 (4) : 22–42.

[49] Hobday M. East Asian latecomer firms: learning the technology of electronics [J] . World development, 1995, 23 (7) : 1171–1193.

[50] Hall, Richard. The strategic analysis of intangible resources [J] . Strategic Management Journal, 1992, 13 (2) .

[51] J M Utterback. The process of technological innovation within the firm [J] . Academy of Management Journal, 1974 (14) .

[52] J M Utterback. Innovation in Industry and the Diffusion of Technology [J] . Science, 1974, 183 (4125) : 620–626.

[53] J Langrish. Technology Transfer: Some British Data [J] . R&D Management, 1971 (1) : 133–135.

[54] Joseph A, SehumPeter. The Theory of Economic Development [M] . Cambridge, MA: Harvard University Press, 1934.

[55] Kaplan R S, Norton D P. The Balanced Scorecard – Measures That Drive Performance [J] . Harvard Business Review, 1992, 70 (1) .

[56] Kaplan R S, Norton D P. Using the balanced scorecard as a strategic management system [J] . Harvard Business Review, 1996, 74 (1) .

[57] Karagiannis Dimitris, Martin Nemetz, Franz Bayer. A method for comprehensive intellectual capital management and reporting: The case of BOC Information Systems [J] . Journal of Intellectual Capital, 2009, 10 (1) .

[58] Kaufmann L，Schneider Y. Intangibles：a synthesis of current research [J] . Journal of Intellectual Capital，2004，5（3）.

[59] Kim L. Imitation to Innovation：the dynamics of Korea' s technological learning [M] . Harvard Business School Press，1997.

[60] Lee K，Lim C. Technological regimes，catching-up and leapfrogging：findings from Korean industries [J] . Research Policy，2001（30）：459-483.

[61] Leonard-Barton，Dorothy. Core capabilities and core rigidities：a paradox in managing new product development [J] . Strategic Management Journal，1992，13（summer）.

[62] Lev B，P Zarowin. The Boundaries of Financial Reporting and How to Extend Them [J] . Journal of Accounting Research，Autumn 1999.

[63] Lev B，Sarath B，Sougiannis T. R&D Reporting Biases and Their Consequences [J] . Contemporary Accounting Research，Winter 2005.

[64] Lucas Robert E.Jr. On the Mechanics of Economic Development [J] . Journal of Monetary Economics，1988，22（1）：3-42.

[65] Lucas Robert E.Jr. Making a Miracle [J] . Econometric，1993，61（2）：251-272.

[66] Mahoney，Joseph T. A resource-based theory of sustainable rents [J] . Journal of Management，2001，27（6）.

[67] Mansfield E. Rates of Return from Industrial Research and Development [J]. The American Economy Review，1965，55（1/2）：310-322.

[68] Mansfield E. Industrial Research and Development– Characteristics, Costs, and Diffusion of Results [J] . The American Economy Review, 1969, 59 (2) : 65–71.

[69] Mansfield E. Organizational and Strategic Factors Associated with Probabilities of Success in Industrial R&D [J] . The Journal of Business, 1973, 48 (2) : 179–198.

[70] Mansfield E. Basic Research and Productivity Increase in Manufacturing[J]. The American Economy Review, 1980, 70(5): 863–873.

[71] Mathews J A. Dragon multinationals: New players in 21st century globalization. Asia Pacific Journal of Management, 2006, 23 (1) : 5–27.

[72] Mathews J A, Cho D S. Combinative capabilities and organizational learning in latecomer firms: The case of the Korean semiconductor industry [J] . Journal of World Business, 1999, 34 (2) : 139–156.

[73] Mathews J A. Competitive advantages of the latecomer firm: A resource–based account of industrial catch–up strategies [J] . Asia Pacific Journal of Management, 2002, 19 (4) : 467– 488.

[74] Mavridis D G. The Intellectual Capital Performance of The Japanese Banking Sector [J] . Journal of Intellectual Capital, 2004, 5 (1) .

[75] Mavridis D G, Kyrmizoglou P. Intellectual Capital Performance Drivers in The Greek Banking Sector [J] . Management Research New,

2005, 28 (5).

[76] Mertins Kai, Wen-Huan Wang, Markus Will. How to Ensure the Quality and Reliability of Intellectual Capital Statements? [J]. Electronic Journal of Knowledge Management, 2007, 5 (4).

[77] Mertins Kai, Wen-Huan Wang, Markus Will. InCaS: Intellectual Capital Management in European SME – Its Strategic Relevance and the Importance of its Certification [J]. Electronic Journal of Knowledge Management 2009, 7 (1).

[78] Mertins Kai, Wen-Huan Wang. Certification of Intellectual Capital Statements - Quality Requirements for ICS [EB/OL]. http://www.akwissensbilanz.org/. Jan 25, 2010.

[79] Meritum Project. Guidelines for managing and reporting on intangibles (Intellectual capital report) [S]. 2002.

[80] Mouritsen J, P N Bukh, H T Larsen, et al. Reading a intellectualual capital statement: descibing and perscibing knowledge management strategies [J]. Journal of Intellectual Capital, 2001, 2 (4).

[81] Mouritsen J, P N Bukh, H T Larsen, et al. Johansen. Developing and managing knowledge through intellectual capital statements [J]. Journal of Intellectual Capital, 2002, 3 (1).

[82] Mouritsen J, Larsen H T, Bukh P N, et al. Reading an intellectual capital statement [J]. Journal of Intellectual Capital, 2003, 2 (4).

[83] M' Pherson P, Pike S. Accounting, empirical measurement and intellectual capital [J]. Journal of Intellectual Capital,

2001, 2 (3) .

[84] N Rosenberg. Factor Affecting the Diffusion of Technology [J] . Explorations in the Economic History, 1972 (10) : 3-33.

[85] Nelson, Richard R. Why do firms differ, and how does it matter? [J] . Strategic Management Journal, 1991, 12 (3) .

[86] Nielsen et al. intellectual capital statement on the way to stock exchange [J] . Journal of Intellectual Capital, 2006, 7 (2) .

[87] Nordic Industrial Fund. Intellectual Capital Managing and Reporting [R] . 2001.

[88] Nordic Industrial Fund. How to Develop and Monitor Your Company's Intellectual Capital [R] . 2003.

[89] Nordic Innovation Centre. Putting Intellectual Capital into Practice [R] . 2006.

[90] Olsson B. Annual reporting practices: information about human resources in corporate annual reports in major Swedish companies [J] . Journal of Human Resource Costing and Accounting, Auditing and Accountability, 2001, 6 (1) .

[91] Oliveira L, Rodrigues L L, Craig R. Firm-specific determinants of intangibles reporting: evidence from the Portuguese stock market [J] . Journal of Human Resource Costing & Accounting, 2006, 10 (1) .

[92] Oliveras Ester, Catherine Gowthorpe, Yulia Kasperskaya, et al. Reporting intellectual capital in Spain [J] . Corporate Communications: An International Journal, 2008, 3 (2) .

[93] Ordonez de Pablos. Intellectual capitareporting in Spain a comparative review [J]. Journal of Intellectual Capital, 2003, 4 (1).

[94] Ordonez Patricia, Pablos. Intellectual capital reports in India: lessons from a case study [J]. Journal of Intellectual Capital, 2005, 6 (1).

[95] Paul M Romer. Increasing Returns and Long Run Growth [J]. Journal of Political Economy, 1986, 94 (5): 1002-1037.

[96] Pew-Tan Hong, Plowman David, Hancock Phil. Intellectual capital and financial returns of companies [J]. Journal of Intellectual Capital, 2007, 8 (1).

[97] Peteraf, Margaret A. The cornerstones of competitive advantage: A resource-based view [J]. Strategic Management Journal, 1993, 14 (3).

[98] Pike S, Roos G. Mathematics and Modern business management [J]. Journal of Intellectual Capital, 2005, 5 (2).

[99] Prahalad C K, Gary Hamel. The core competence of the corporation [J]. Harvard Business Review, 1990, 68 (3).

[100] R Nelson E. Phelps. Investment in Humans, Technological Diffusion, and Economics Growth [J]. American Economic Review, 1966 (61): 69-75.

[101] R Nelson. Winter S.G. In Search of Useful Theory of Innovation [J]. Research Policy, 1977, 6 (1): 36-76.

[102] Riahi-Belkaoui A. Intellectual Capital and Firm Performance of US Multinational Firms: A Study of The Resource-based and Stakeholder

Views [J] . Journal of Intellectual Capital, 2003, 4 (2) .

[103] S Myers, D G Marquis. Successful industrial innovations: A study of factors underlying innovation in selected firms [M] . National Science Foundation, Washington, 1969.

[104] Schoemaker, Paul J H. Strategy, complexity and economic rent [J] . Management Science. 1990, 36 (10) .

[105] Sallebrant Tobias, Joakim Hansen, Nick Bontis , et al. Managing risk with intellectualual capital statements [J] . Management Decision, 2007, 45 (9) .

[106] Sonnier B M, Carson K D, Carson P P. Intellectual capital disclosure by traditional US companies: a longitudinal assessment [J] . Journal of Accounting & Organizational Change, 2008, 4 (1) .

[107] Striukova L, Unerman J, Guthrie J. Corporate reporting of intellectual capital: evidence from UK companies [J] . The British Accounting Review, 2008, 40 (4) .

[108] Sveiby K E. Methods for Measuring Intangible Assets [EB/OL] . http: //www.sveiby.com, Feb 25, 2014.

[109] Teece, David J, Gary Pisano, et al. Dynamic capabilities and strategic management [J] . Strategic Management Journal, 1997, 18 (7) .

[110] Vandemaele S N, Vergauwen P G M C, Smits A J. Intellectual capital disclosure in The Netherlands, Sweden and the UK: A longitudinal and comparative study [J] . Journal of Intellectual Capital, 2005, 6 (3) .

[111] William J Abernathy，J M Utterback. Patterns of Industrial Innovation [J]. Technology Review，1978，80（7）：40–47.

[112] Wernerfelt，Birger. A resource-based view of the firm [J]. Strategic Management Journal. 1984，5（2）.

[113] Wernerfelt，Birger. The resource-based view of the firm：ten years after [J]. Strategic Management Journal，1995，16（3）.

[114] Whiting R H，Miller J C. Voluntary disclosure of intellectual capital in New Zealand annual reports and the “hidden value” [J]. Journal of Human Resource Costing & Accounting，2008，12（1）.

[115] Charlie Jackson. 技术创新、技术转移及其商品化 [J]. 方旋，译. 华南理工大学学报，2001，29（1）：107–112.

[116] Freeman C，Soete L. 工业创新经济学 [M]. 华宏勋，华宏慈，译. 北京：北京大学出版社，2004.

[117] 白雪洁. 新型竞争环境下后发企业的技术创新策略 [J]. 科技进步与对策，2008，25（3）：91–95.

[118] 曹红军，赵建波，王以华. 动态能力的维度：基于中国企业的实证研究 [J]. 科学学研究，2009（1）：36–44.

[119] 常修泽. 现代企业创新论——中国企业制度创新研究 [M]. 天津：天津人民出版社，1994.

[120] 陈九龙. 陕西技术创新的现状与对策研究 [J]. 当代经济科学，2008（5）：118–123.

[121] 陈茵，徐二明. 不同外部知识环境下企业吸收能力的动态重构 [J]. 科学学研究，2013，31（7）：1050–1059.

[122] 董保宝，李白杨. 新创企业学习导向、动态能力与竞争优势关系

研究［J］．管理学报，2014（3）：376–382.

［123］董保宝，葛宝山，王侃．资源整合过程、动态能力与竞争优势：机理与路径［J］．管理世界，2011（3）：92–101.

［124］董俊武，黄江圳，陈震红．动态能力演化的知识模型与一个中国的案例分析［J］．管理世界，2004（4）：117–127.

［125］樊增强．日本、欧盟中小企业技术创新支持政策的比较分析及其对我国的启示与借鉴［J］．现代日本经济，2005（1）：41–45.

［126］傅家骥．技术创新经济学［M］．北京：清华大学出版社，1998.

［127］冯军政，魏江．国外动态能力维度划分及测量研究综述与展望［J］．外国经济与管理，2011（7）：26–33.

［128］高建．中国企业技术创新分析［M］．北京：清华大学出版社，1997.

［129］国务院发展研究中心企业研究所企业技术创新课题组．中国企业技术创新报告［J］．经济，2007（11）：70–73.

［130］国家统计局社会和科技统计司．2007 年全国工业企业创新调查统计资料［M］．北京：中国统计出版社，2008.

［131］郭阳，吴玉祥．增强企业自主创新能力的几个问题——来自全省百家大型工业企业的调研报告［J］．政策，2006（8）：16–17.

［132］龚一萍．“创造性破坏”视角下企业动态能力构建［J］．经济管理，2010（8）：49–55.

［133］贺小刚，李新春，方海鹰．动态能力的测量与功效：基于中国经验的实证研究［J］．管理世界，2006（3）：94–113.

［134］技术创新研究课题组．中国企业技术创新政策基础及实证研究——福建、甘肃工业企业技术创新调查总报告［J］．管理世界，1996

（2）：123–132.
[135]江积海. 后发企业动态能力演化路径及其机制研究[J]. 管理评论，2005（9）：47–53.
[136]江诗松，龚丽敏，魏江. 转型经济背景下后发企业的能力追赶：一个共演模型[J]. 管理世界，2011（4）：122–137.
[137]江诗松，龚丽敏，魏江. 转型经济中后发企业的创新能力追赶路径：国有企业和民营企业的双城故事[J]. 管理世界，2011（12）：36–45.
[138]江诗松，龚丽敏，魏江. 后发企业能力追赶研究探析与展望[J]. 外国经济与管理，2012（3）：57–64.
[139]蒋再文，王涛，江积海. 后发企业技术能力提升路径及其微观机理研究[J]. 华东经济管理，2011，7（25）：80–84.
[140]蒋再文，杨亚平. 新能源汽车产业化的制度安排及有效性分析——基于制度创新的视角[J]. 科技进步与对策，2012，29（12）：103–106.
[141]焦豪，魏江. 企业动态能力度量与功效——本土模型的构建与实证研究[J]. 中国地质大学学报（社会科学版），2005（5）：53–57.
[142]林萍. 动态能力的测量及作用：来自中国企业的经验数据[J]. 中南大学学报（社会科学版），2009（4）：533– 540.
[143]林毅夫. 关于制度变迁的经济学理论：诱致性变迁与强制性变迁[M]//（美）R·科斯，A·阿尔钦，D·诺斯. 财产权利与制度变迁. 上海：上海三联书店，2002：371–418.
[144]李俊江，范思琦. 从封闭走向开放——日本中小企业创新模式的

转变［J］. 东北亚论坛，2010（9）：83–91.

［145］李俊江，彭越. 日本中小企业技术创新模式的演变分析［J］. 现代日本经济，2015（1）：86–94.

［146］李翔，陈继祥，张春辉. 动态能力影响创新模式选择的机理研究：市场导向与企业家导向的中介作用［J］. 中国科技论坛，2013，5（5）：26–43.

［147］李勇辉，袁旭宏. 企业非技术创新的价值实现机理与驱动机制——基于价值链的视角［J］. 财经研究，2014，40（9）：26–37.

［148］李正卫，潘文安. 基于动态能力的发展中国家企业追起战略：模型构建与实证检验［J］. 科学学与科学技术管理，2011（4）：100–104.

［149］罗长远，张军. 中国出口扩张的创新溢出效应：泰国为例［J］. 中国社会科学，2012（11）：57–80.

［150］罗珉，马柯航. 后发企业的边缘赶超战略［J］. 中国工业经济，2013（12）：91–103.

［151］罗珉，刘永俊. 动态能为与组织绩效的关系研究［J］. 中国工业经济，2009（1）：75–86.

［152］罗志如，厉以宁. 当代西方经济学说［M］. 下册. 北京：北京大学出版社，1979.

［153］路风，慕玲. 本土创新、能力发展和竞争优势——中国激光视盘播放机工业的发展及其对政府作用的政策含义［J］. 管理世界，2003（12）：57–82.

［154］马驰. 关于技术创新调查的方法［J］. 统计研究，1997（2）：16–21.

[155] 马驰，徐永昌，张晶，等. 国内技术创新调查述评 [J]. 中国软科学，1997（3）：41-44.

[156] 马驰，高昌林. 制造业企业的技术创新活动及其产出 [J]. 国际技术经济研究，1996（4）：31-38.

[157] 迈克尔·波特. 竞争战略 [M]. 陈小悦，译. 北京：华夏出版社，2004.

[158] 企业技术创新调查研究课题组. 企业技术创新报告 [M]. 北京：科学技术文献出版社，2002.

[159] 孙永风，李垣，廖貅武. 基于不同战略导向的创新选择与控制方式研究 [J]. 管理工程学报，2007（4）：24-30.

[160] 苏敬勤，崔淼. 核心技术创新与管理创新的适配演化 [J]. 管理科学，2010，23（1）：27-37.

[161] 王芳. 企业规模、所有制对技术创新能力的影响研究 [D]. 中北大学，2014.

[162] 汪涛，牟宇鹏，王铵. 企业创新战略模式的选择和效应 [J]. 中国软科学，2013（6）：101-110.

[163] 吴佩，陈继祥. 网络效应下后发企业市场进入与最优竞争策略 [J]. 科技管理研究，2013（6）：221-225.

[164] 吴晓波，马如飞，毛茜敏. 基于二次创新动态过程的组织学习模式演进 [J]. 管理世界，2009（2）：52-64.

[165] 吴晓波，徐松屹，苗文斌. 西方动态能力理论述评 [J]. 国外社会科学，2006（2）：18-25.

[166] 吴延兵. 企业规模、市场力量与创新：一个文献综述 [J]. 经济研究，2007（5）：125-138.

[167] 吴勇志，范黎波．基于开发性学习的后发企业创新能力形成机制研究［J］．软科学，2011，25（7）：45-49.

[168]［美］熊彼特．经济发展理论［M］．杜贞旭，等译．北京：中国商业出版社，2009：118-122.

[169] 徐春华，刘力．企业规模、市场外向度与制造业集聚——基于行业面板数据的实证分析［J］．现代财经，2014（5）：47-60.

[170] 徐大可，陈劲．创新政策设计的理念和框架［J］．国家行政学院学报，2004（4）：26-29.

[171] 徐二明，徐凯．资源互补对机会主义和战略联盟绩效的影响研究［J］．管理世界，2012（1）：93-103.

[172] 许庆瑞．全面创新管理——理论与实践［M］．北京：科学出版社，2007.

[173] 徐雨森，徐娜娜．后发企业“逆向创新”成功因素研究［J］．管理案例研究与评论，2013，6（2）：147-154.

[174] 徐召红，杨蕙馨．动态能力与企业竞争优势的关系及作用机理［J］．经济问题探索，2013（9）：150-156.

[175] 曾萍．知识创新、动态能力与组织绩效的关系研究［J］．科学学研究，2009（8）：121-128.

[176] 张红，唐媛，蓝海林．组织学习模式转变与后发企业技术能力提升研究——以永光集团为例［J］．管理学报，2011，8（10）：1444-1450.

[177] 赵兰香，穆荣平．技术创新发展阶段对技术发展战略选择的约束［J］．科学学研究，2003（6）：652-656.

[178] 郑素丽，章威，吴晓波．基于知识的动态能力：理论与实证［J］.

科学学研究，2010（3）：405–411.

[179] 郑刚，颜宏亮，王斌. 动态能力构成维度及特征研究［J］. 科技进步与对策，2007（3）：90–93.

[180] 郑钊，黄俊，李传昭，等. 动态能力与企业竞争优势——基于东风汽车有限公司的质性研究［J］. 中国软科学，2008（10）：134–140.

[181] 郑准，王国顺. 企业国际化网络理论的起源、基本框架与实践意蕴探讨［J］. 外国经济与管理，2011（10）：9–16.

[182] 朱瑞博，刘志阳，刘芸. 架构创新、生态位优化与后发企业的跨越式赶超［J］. 管理世界，2011（7）：69–97.

附　录　调查问卷

尊敬的女士 / 先生：

您好！

非常感谢您在百忙之中抽空来填写本调查问卷！本问卷答案不涉及对错，问卷的最终数据仅用于理论研究，不会将结果用于任何商业途径，请您不必顾虑并希望您能够根据贵公司的实际情况完成调查问卷。

如果您在问卷回答中有任何疑问，欢迎您随时和我们联系，真诚感谢您的支持与合作，谢谢！

南京审计大学会计学院

2019 年 10 月

贵企业名称：________________（选填）　企业成立年限：______年

1. 您的工作经历年限：

A．5 年以内　　B．5–10 年　　C．10–15 年　　D．20 年以上

2. 您的最高教育程度：

A．高中及以下　　B．高职大专　　C．本科

D．硕 ±　　E．博 ±

3. 贵企业的性质：

A．国有或国有控股　　B．集体企业　　C．民营企业

D．外商独资或合资企业　　E．其他

4. 您目前所在企业所属的行业类别：

A．电子与通讯设备行业　B．服务业　C．机械制造　D．五金行业

E．新材料　F．小家电制造　G．纺织行业　H．其他行业

5. 贵企业的员工人数：

A．少于 50 人　　B．50 至 100 人

C．100 至 200 人　　D．200 人以上

6. 贵企业的资产总额：__________万元

7. 贵企业近三年平均销售总额约为：__________万元

8. 您认为贵公司目前的发展阶段处于：

A．初创期　B．成长期　C．成熟期　D．衰退期

9. 请根据您所在企业的实际情况，对下述问题的赞同程度予以打分。

	非常不赞同	不赞同	不确定	赞同	非常赞同
	1	2	3	4	5
DA1: 企业高度关注市场、消费者与竞争对手状况的变化分配资源于营销活动					
DA2: 企业善于根据市场外部条件变化作出快速反应并适应发展					
DA3: 企业在利用市场和产品的业务能力上对外界机会产生反应					
DA4: 企业具有及时感知环境变化的信息的能力					
DA5: 企业具有及时感知外部市场的信息的能力					

DA6: 企业具有及时感知最新技术的信息的能力					
DA7: 企业具有及时感知利益相关者的信息的能力					
DA8: 企业的运营流程可以根据环境变化而调整					
DA9: 企业的资产结构可根据环境变化而调整					
DA10: 企业的组织模式可以根据环境变化而调整					
DA11: 企业的产品生产可以根据环境变化而调整					
DA12: 企业重视学习并激励员工创新的能力					
DA13: 企业将最新的知识应用生产的能力					
DA14: 企业容易从各部门获取各种知识的能力					
DA15: 企业产品开发知识是行业全新的					
TA1: 企业创新活动中引入巧开发新技术					
TA2: 企业注重购买专利并加大研发投入					
TA3: 企业引入了新产品并进行二次创新					
TA4: 企业自主创新技术并拓展现有市场					
IA1: 企业销售有每年上升的空间					
IA2: 企业总资产保持在较高水平					
IA3: 企业年平均员工数合理					
MA1: 企业十分重视顾客的需求和满意度					
MA2: 企业可以系统评价顾客满意度					
MA3: 企业积极地改善产品售后服务					
MA4: 企业高度重视顾客承诺的履行					
MA5: 企业能够迅速回应竞争者的行动					
MA6: 企业重视竞争者信息在内部共享					
MA7: 企业高层管理关注竞争者优劣势					
MA8: 企业在目标顾客方面有竞争优势					
MA9: 企业各部门能够有效共享顾客资源					
MA10: 企业各部门能够密切协作创造价值					
MA11: 企业各部门能够时刻关注市场信息					
MA12: 企业各部门能够参与新产品的开发					
NA1: 企业经营观念的逐步改变					
NA2: 企业不断的推出新颖的营销策略					
NA3: 企业对消费者的服务质量不断提高					
NA4: 企业能够不断适应环境的变化来改变其管理模式					